1日1分レッスン! 新TOEIC® Test
―時間のないあなたに! 厳選146問―

中村澄子

祥伝社黄金文庫

編集協力　草文社
本文デザイン　内藤裕之

まえがき

　私の1冊めの著書『1日1分レッスン！　TOEIC Test』は、2年前の2005年1月に出版しました。ありがたいことにすぐに評判となり、この年の丸善丸の内本店と紀伊國屋書店新宿南店での文庫売上げ1位に輝きました。2年間で11万部も販売され、祥伝社からは続編を次々に出版することができました。このシリーズはTOEIC受験生の間では「緑本」と呼ばれ、愛用していただいています。

　この本のおかげで、他の出版社からも著書を出版させていただく機会を得ました。どの本も好評を得ております。これも私の本をお買いいただいた皆様のおかげと感謝しております。

　今では、本を読んでよかったから、という理由で私の主催するTOEIC教室に参加してくださる教室生がとても多くなりました。そのきっかけとなった同書は、私の人生において文字どおり記念すべき1冊です。

　ところが、この本の出版半年後の2005年7月、突然「公開TOEIC Test」の大幅な改変が発表となり、翌年5月からTOEIC Testが大幅に変わる、という予期しない事態が起こりました。『1日1分レッスン！　TOEIC Test』は、改変前のTOEICを基に書きましたので、旧テストに合わせて作成したパート(6)の正誤問題は使えなくなりました。出題形式が変わってもポイントは同じだから、と言って使ってくださっている方も多くいますが、アマゾンや一部書店で相変わらず売れている様子を見るにつけ、「申し訳ないなあ、いずれ改

変版に書き換えなければならないなあ」と思ってはいました。しかしながら、同書に続いて出した『1日1分レッスン！ TOEIC Test パワーアップ編』や『1日1分レッスン！ TOEIC Test ステップアップ編』の売れ行きも好調なので、11万部も売れた本を今さら書き換えて出版しても意味があるのかな、という迷いも一方でありました。

そんな時、祥伝社の担当編集者が、
「これから TOEIC の勉強をスタートする人も多いのですから、書き換えて出すことには意味はあります。出しましょう」と背中を押してくれました。

書き換えることが決まり、改めて問題を見直したところ、出版後わずか2年しか経っていないのに、すでに古くなっている問題が多くあり、自分でも驚きました。それだけ最近の TOEIC の出題傾向には変化がある、ということの表れだと思います。

書き換えにあたり、改変前のパート(6)の正誤問題については、出題のポイントに変化がないものは、英文はそのままで出題形式だけを正誤問題から空欄補充問題に書き換えました。正誤問題の消滅とともに問題自体使えなくなったものや古くなったものは削除し、他の問題を新たに加えました。

最終的に新しく加えた問題が50問以上になり、結果として、全問題の3分の1以上の問題を差し替えたことになります。

また、現行の TOEIC のパート(6)の長文穴埋め問題も4題（12問分）新しく加えました。

新しく加えた問題は、私が教室用に作成した問題が大半ですが、今回新たに作成した問題もあります。新しく加えた問

題は、そのまま残した問題と同様に、4年以上TOEICテストを受験し出題傾向などの研究を重ね、作成した問題です。

　なお、このシリーズは第3弾の『1日1分レッスン! TOEIC Test ステップアップ編』以降は音声サービスを付けていますが、同書は第1弾ということで、音声は付けていませんでした。

　今回の改変を機に、新たに音声を付けることにしました。音声は、恩師であり『すらすら英文速読術』など人気を博した速読術関連本などの著書を多くお持ちの、佐川ケネス先生に吹き込んでいただきました。音声は祥伝社のホームページからダウンロードができます。音声もあわせてご活用ください（詳しい説明は、巻末の袋とじのページをご覧ください）。

　本書も、きっと皆様のお役に立つものと信じます。

2007年9月
中村澄子

TENTS

まえがき ・・・・・・・・・・・・・・・・・・・・・ 3

読者の声、ご紹介します ・・・・・・・・・・・・・ 8

この本の使い方 ・・・・・・・・・・・・・・・・・ 12

1章 トリックに気をつけて ・・・・・・・・・・ 13
さらにスコアアップ! 新TOEICになって ・・・・・・ 61

2章 絶対におさえておきたいこの問題 ・・・・ 63
さらにスコアアップ! 時間配分の重要性 ・・・・・・・ 113

3章 超簡単、ここを見るだけ ・・・・・・・・ 115
さらにスコアアップ! 長文読解で高得点を取るために ・ 147

1日1分レッスン! 新TOEIC TEST

4章 さらに得点UPを目指す問題・・・・・・149

さらにスコアアップ! 英字記事を毎日精読——
「すごい人」のその後・・・・・・213

5章 困ったらこの裏技、奥の手で・・・・・215

さらにスコアアップ! 48歳で900点突破——
「すごい人」のその後その2・・・239

6章 おさえよう、この単語・熟語・・・・・・・241

さらにスコアアップ! IPテストについて・・・・・・303

7章 新テスト・パート6突破のための重要問題・305

さらにスコアアップ! オフィスS&Yの現在と今後・・・339

索引(単語別・ジャンル別)・・・・・・・・・・341

読者の声、ご紹介します

　本書の著者・中村澄子先生は、「効果的に点数をアップさせる」と絶大な評価を得ている、TOEICのカリスマ講師です。大手企業の研修やセミナーで講義を行ない、さらに東京・八重洲では一般向けの対策教室を開いています。

　教室受講生や本シリーズの読者の方たちに、その効果のほどを語っていただきました。英語学習の参考にしていただけますと幸いです。（編集部）

●**本に書いてあることを実践しただけで775点に**
　6月のテストで775点が出せました。TOEICの文法関連の本をいろいろ読んでみましたが452、385、585点に低迷していました。今は、先生を信じて結果が出てほっとしています。私の行なった学習方法は非常に単純で、先生の本7冊全部をその通り実践しただけです。マークシート専用シャープペンシルやユンケルも実践しました（笑）。新テストは初めての経験でしたが、先生のおかげで不安はありませんでした。　　　　　　　　　　　　　（千葉・会社員・47歳）

●**緑本のおかげで、完全独学なのに900点越え！**
　関西在住のため、教室にもセミナーにも参加できず、先生のメルマガと本の愛読者でしかない私ですが、お礼の気持ちを伝えたくて、メールを書いています。初受験は今年の3月で、760点でした。そして、2回目の5月受験で、なんと、905点（L445　R460）をとることができました！奇跡です!!　完全独学のうえ、2回とも受験申込締切ぎりぎりに申込み、その日から勉強するという超短期集中でしたが、先生がメルマガや本のコラム等でいわれていること

に従い、教材をそろえ、無駄のない勉強ができた結果だと思います。緑本に出会えてよかった！メルマガに出会えてよかった！　　　　　　　　　　　　　（兵庫・会社員・33歳）

● **短期間に 800 点突破**

思い立って toeic を今年の 3 月より受け始めました。先生のお書きになった『1 日 1 分レッスン！TOEIC Test パワーアップ編』を偶然、本屋で見かけ、非常に感銘を受けたためです。本に書いてあった通りの勉強法を 3 カ月行ない、その間に『ステップアップ編』も購入、半年計画で準備を進めていたのですが、3 月に受けた toeic では 765 点、そして 5 月に受けた試験では自己最高の 885 点（R430, L455）を出すことが出来ました。（北海道・会社員・45歳）

● **文庫本を繰り返すことで目標達成**

私の学校では年 2 回 IP テストが実施されており、1 年前 575、半年前 485 でした。来春には社会人になるので、今のうちに 600 点は超えておこうと 5 月末に勉強を始め文庫本第 2 作、第 3 作も数回繰り返し読み、先生のリスニング本も十分活用させていただきました。大学院の研究との兼ね合いで勉強時間があまり取れず、公式問題集は使えずじまいでしたが、結果は 735（L370, R365）。大きく目標を上回ることができました。　　　（京都府・大学院生・24歳）

● **飽きっぽい私が最後までできた**

本屋さんで『パワーアップ編』を目にし、文庫本サイズでかさばらないし値段も安く、内容も分かりやすかったので即購入しました。メルマガにも登録し、7 月からは『新TOEIC テスト　1 週間でやりとげるリスニング』（中経出版）も毎日解くようにしました。その結果、なんと 640 点でした。自己ベストです！　たくさんの TOEIC 対策本が売られていますが、飽きっぽくてやりかけの問題集で本棚

が埋もれている私が「最後の1問まで解きつくしてやろう」というモチベーションを持続できたのは、先生の本だけでした。　　　　　　　　　　　（長野県・派遣社員・30歳）

●**どの本よりも使える情報が満載**
「短期間で900点台を出したい」この願いをかなえてくれたのが、先生の本と教室でした。教室に参加直後、初受験で900点を突破しました。「1日1分」シリーズも、今までに出会ったどの本よりも「使える」情報が載っていて、最後まで役立ちました。「参考書」の機能と素早く解くコツを体得する「訓練書」の機能が両立されているので、どのレベルの方にもお薦めです。　　　（東京・大学生・21歳）

●**ゲーム感覚で着実に実力がつく**
「英語の試験！」憂鬱になる方も多いのでは。この緑本はゲーム感覚でいつのまにか直近の出題傾向に沿って実力がついてきます。チャンスを摑み、着実にステップアップして欲しいという願いと、毎回ご自身で受験し、生きた情報を提供してくれる中村氏の愛情がたっぷりの1冊です。

（東京都・金融機関・30代）

●**大事なのは「選択と集中」**
5年かけてやっと700点台だったスコアが、中村先生の教室を受講して半年ほどで880点に。先生には点数UPはもちろん、何事も「選択と集中」が大切だという事を改めて気づかせてもらえて感謝しています。今、英会話も英字新聞もTOEICもと、いろんな事に手を出している方は、まず中村先生を信じて、この本がボロボロになるまで集中することをお勧めします。　　　　（神奈川・Web制作・30代）

●**何度でも繰り返し勉強できる**
6年連続600点台でしたが、中村教室により815点にアップしました！　教室と併用して『パワーアップ編』を繰り

返しやりました。1～3回目は解説も熟読し、4～7回目はスピード重視で訓練したところ、問題文のどこを読めば正答にたどりつけるかが分かってきました。自己流に何度でも勉強できる本です。
（千葉・SE・29歳）

●たった8週間で220点アップ！
先生から「出る！」と教わった部分を集中して勉強した結果、8週間弱で450点→670点のアップ。勉強したのは先生の教材と公式問題集だけです。仕事帰りの教室でも先生の声を聞くとやる気が出ました。先生のお人柄と熱意に惹かれ、楽しい勉強と点数アップが出来ました。先生がいらしてこそのTOEICです。本当にありがとうございます！
（千葉・商社・27歳）

●先生の勉強法で700点台→925点
仕事で英語には日常的に触れていますが、TOEICは700点前半で伸び悩んでいました。そんな中、中村先生のメルマガに出会い、セミナー、教室と参加して勉強したところ、4か月余りで925点（L460、R465）を達成しました。先生の勉強法に従い、苦手なところを何度も復習してポイントを身につければ必ずスコアは伸びると実感しています。
（東京・商社・30代）

●重要なのは、優れた教材の反復学習
先生の教室に参加して4ヶ月間で600点台から805点（2007年7月）まで上がりました。使った教材は先生の作成した文法プリントと公式ガイドだけです。特に文法プリントは効果てき面で、本試験でも同じタイプの問題ばかりで驚きました。公式ガイドも先生の薦める方法で使い込んだ結果、いまの点数につながりました。700～800点台を目指すのであれば、優れた教材を徹底して反復する学習が重要だと思います。
（東京・新聞社・28歳）

この本の使い方

【奇数ページ】
TOEICの点数が大幅にアップする問題146問を厳選し、出題しています。新テスト対応版として、今回、全面的に見直しました。

単語の意味……出題の英文を読むために、おさえておきたい単語を発音記号つきで説明しています。

チェック欄……できたら○、できなかったら×をつけて、繰り返し解きましょう。

【偶数ページ】
解説……間違いやすいポイント、トリックなどについて、詳しく説明しています。文法の知識がグングン身につきます。

問題文の訳……奇数ページの問題文の、標準的な日本語訳を示しています。

ポイント……各章ごとに「このトリックに気をつけて」「絶対におさえておきたいこのポイント」「ここを見るだけ」「さらに得点UPを目指すためのポイント」「この裏技、奥の手で」「おさえよう、この単語（熟語）」「おさえよう、この問題のポイント」と題して、重要ポイントを短くまとめています。試験直前にここをまとめて見るだけでも力がつきます。

【さらにスコアアップ！】
著者にしか書けない、TOEIC点数アップのための具体的ノウハウを読み物形式でお教えします。

【索引】
巻末にあります。重要単語と問題ジャンル別の2種類ありますので、総整理にお使いください。

【ダウンロード・サービス】
本書のすべての問題文を、ネイティブスピーカーが録音しました。詳しくは本書最後の袋とじのページをご覧ください。

1章

トリックに気をつけて

ETSが作成するTOEICテストにはトリックが仕掛けられている問題があります。つまり「だまし問題」です。この章では、どのようなトリックが仕掛けられていて、どのようにひっかけようとしているのかを説明しています。

第1問

できたら………○
できなかったら…×

●次の選択肢の中から正しいものを選びなさい。

The researcher, famous for developing procedures for scientific experiments, (　　) many prizes.

Ⓐ receive

Ⓑ receiving

Ⓒ to receive

Ⓓ received

【単語の意味】

researcher [riːsə́ːrtʃər] ……………研究者
procedure [prəsíːdʒər] ……………手順、手続き
experiment [ikspérəmənt] ……………実験
prize [práiz] ……………賞

〈1章 トリックに気をつけて〉 15

〈答え〉 ⒟ received

〈解説〉

主語と動詞の一致の問題です。

この英文の主語は「The researcher」です。空欄の直前の experiments ではありません。ということは主語が単数ですから現在形であれば動詞は receives でなければならないのですが、選択肢に receive はあっても receives がありません。迷った挙句、時間もないのでつい receive を選んでしまうのです。

そこを狙ったトリック問題です。receives はありませんが、過去形の received であれば主語が単数であっても使えるということに気づいてください。

無意識に、現在形だ、と考えてしまう人がなぜか多いという点をついて作成されたトリック問題です。ひっかからないように注意しましょう。

〈問題文の訳〉

科学実験の手順を開発するので有名な研究者は多くの賞を与えられました。

―――――**このトリックに気をつけて**―――――

トリックのパターンとしては、挿入を使って主語と動詞の位置を離し、かつ正解の動詞を過去形にしています。主語と動詞の一致の問題以外でも、過去形を使ったトリック問題は出題されることがあります。

選択肢に正解がなければ、「時制を変えればどうだろう」と考えてみましょう。

第2問

できたら……………○
できなかったら…×

● 次の選択肢の中から正しいものを選びなさい。

( ) a computer programmer make a crucial mistake, he will be sued.

Ⓐ If

Ⓑ Should

Ⓒ Might

Ⓓ Unless

【単語の意味】

crucial mistake ……………………… 重大な間違い
sue [súː] ……………………………… 訴える、告訴する

〈1章 トリックに気をつけて〉 17

〈答え〉 Ⓑ Should

〈解説〉

仮定法未来の問題です。

まさに「トリック中のトリック」がしかけられていると言える問題です。99％の人がⒶの If を選んだのではないかと思います。なぜ If が間違いなのでしょう。If が正解だとすると、「a computer programmer」が主語なので動詞の「make」は「makes」にならなければなりません。だから If は不正解なのです。

では、何が正解か？ If を用いる代わりに語順を変えて仮定の意味を表す「仮定法未来（should + 主語 + 動詞の原形）」を使えばいいのです。仮定法未来は、「もし万が一〜したら」という意味になり、低くても可能性がある場合に使います。

〈問題文の訳〉

もしもコンピュータープログラマーが致命的なミスをしたら、訴えられるでしょう。

────── **このトリックに気をつけて** ──────

大半の人がすぐにⒶの If を選ぶことを見越して作成された問題です。それを見越したうえで、意図的に主語の人称と動詞の形をはずしています。そこで、正解は別のところにある、というタイプのトリックです。「あっ、これが正解」と思っても、他に正答となりうるものがないかどうかチェックしてみてください。

第3問

できたら……○
できなかったら…×

● 次の選択肢の中から正しいものを選びなさい。

The British drugstore company opened in the middle of Paris, but failed after one year because it had not done a (　　) evaluation of the location and the potential market.

Ⓐ completely

Ⓑ complete

Ⓒ completed

Ⓓ completing

【単語の意味】

fail [féil] ……………………………………… 失敗する
evaluation [ivæljuéiʃən] ……………………… 評価
location [loukéiʃən] …………………………… 場所、立地
potential market ……………………………… 潜在市場

〈1章 トリックに気をつけて〉

〈答え〉 Ⓑ complete

〈解説〉
品詞（形容詞）の問題です。
空欄直後の evaluation は名詞です。名詞を修飾するのは形容詞です。
ですから、形容詞の complete を選べば正解となります。
動詞も形容詞と同じ形で「complete」です。complete は動詞だけ、と思っている人が多いのでそういう人にⒸの completed やⒹの completing を選ばせようと考えて作成されたトリック問題です。
complete は形容詞としても動詞としても頻繁に使われます。日頃から英文を読んでいると間違えることは少ないですが、あまり英語に接していない人は動詞しかない、と思っている人が多いです。忘れた頃に出題されるトリック問題です。

〈問題文の訳〉
英国のドラッグストア企業がパリの真ん中にオープンしましたが、立地や潜在的市場の完璧な評価をしなかったので、1年後に倒産しました。

―――――― **このトリックに気をつけて** ――――――

問題自体は簡単ですが、complete は動詞としてもよく使うため、complete が形容詞でもある、ということを知らない人もいて、そういう人がひっかかる問題です。
complete のように、形容詞と動詞が同じ形の単語もある、と頭に入れておきましょう。

第4問

できたら……○
できなかったら…×

● 次の選択肢の中から正しいものを選びなさい。

The developing country asked the foreign conglomerate to invest in the country, but the industrial complex refused because it judged that the country had ( ) limited and poor resources.

(A) so

(B) much

(C) well

(D) such

【単語の意味】

developing country ……………………開発途上国
conglomerate [kənglámərət] ……………複合企業体
invest [invést] ……………………………投資する
industrial complex ………………………産業複合体
refuse [rifjú:z] ……………………………断る、拒否する
judge [dʒʌ́dʒ] ……………………………判断する
resource [rí:sɔ̀:rs] …………………………資源

〈1章 トリックに気をつけて〉 21

〈答え〉 Ⓓ such

〈解説〉

such と so の問題です。

英文全体を見て、「such ～」か「so ～」(とても～) の使い方を問う問題だということは選択肢を見ればすぐにわかります。「so ～」の場合、so の後ろは形容詞か副詞。「such ～」の場合、such の後ろは名詞がきます。

空欄直後の limited を見て、limited は分詞だから、分詞は形容詞の働きをするので、形容詞の前に置くのは「so」だから、と so を選ぶ人が多いのですが違います。実はトリック問題なのです。

この英文の空欄の後は並立構造になっていて limited も poor もともに続く名詞の resources を修飾しているのです。

つまり、省略をしないで書くと「limited resources and poor resources」となるわけです。

ということは、空欄には、resources という名詞の前に置く「such」を使わなければならないのです。

TOEIC は時間のない中で解くため、全文をきちんと見ない場合が多く、ひっかかる人が多いだろうと狙って作成されたトリック問題です。

〈問題文の訳〉

その開発途上国は外国の複合企業体に自国へ投資するよう依頼しましたが、その企業グループはその国には非常に限られた乏しい資源しかないと判断したので断りました。

―――― **このトリックに気をつけて** ――――

通常、「such ～」か「so ～」の問題は、空欄直後を見るだけで空欄に入るのが such なのか、so なのかの判断ができるのですが、空欄直後の名詞句が並立構造になっていて、空欄に入る語が何を修飾しているのかをわかりにくくしています。

第5問

できたら……………○
できなかったら…×

● 次の選択肢の中から正しいものを選びなさい。

Edward is the only person among all employees who has to explain (　　　) opinion to the board members.

- Ⓐ them
- Ⓑ his
- Ⓒ its
- Ⓓ their

【単語の意味】

employee [emplɔ́ii:] ……………従業員
explain [ikspléin] ………………説明する
board member ……………………取締役会のメンバー、役員

〈1章　トリックに気をつけて〉

〈答え〉Ⓑ his

〈解説〉
代名詞の問題です。
Ⓓの their を選んだ人はトリックにひっかかった人です。
正答の可能性として残るのは、「Edward」を受けたⒷの his か、「all employees（全従業員）」を受けたⒹの their のどちらかです。「Edward」を受ける場合は三人称単数に、「all employees」を受ける場合は三人称複数になります。この問題の場合、関係代名詞 who の先行詞は the only person なので、the only person を代名詞を使って言い換えたⒷの his が答えになります。代名詞の問題自体は簡単ですが、この問題のように、どの名詞を受けているか紛らわしい場合にはよく間違えます。トリックがしかけられていると考えてください。

〈問題文の訳〉
全従業員の中で、エドワード一人だけが、取締役会のメンバーに自分の意見を説明しなければなりません。

―――――このトリックに気をつけて―――――
空欄に入る代名詞が指す可能性のある名詞を2つ以上（単数名詞と複数名詞の両方）置いて間違わせようとします。空欄の近くに間違わせようとする名詞を置き、実際に指す名詞を代名詞と離して置く場合も多いので気をつけましょう。

第6問

できたら………○
できなかったら…×

● 次の選択肢の中から正しいものを選びなさい。

(　　　) statements made by the president on the company's new venture in the internet field were released to the international press last month.

Ⓐ Most

Ⓑ Most of

Ⓒ Almost that

Ⓓ Almost

【単語の意味】

statement [stéitmənt] ……………声明
president [prézədənt] ……………社長、大統領
venture [véntʃər] ……………ベンチャー事業（企業）
release [rilíːs] ……………公表する
press [prés] ……………新聞、報道機関、報道陣

〈1章　トリックに気をつけて〉 25

〈答え〉 Ⓐ Most

〈解説〉

most と almost の問題です。正解はⒶの Most です。
空欄の後ろの「statements」は名詞です。名詞を修飾するのは形容詞です。
ということは、形容詞の most を入れればいいということです。
ここで使われている most は形容詞の most です。
most には形容詞と名詞があります。
(「most」には副詞の意味もありますが、口語として使われている most なので、TOEIC では副詞を選ぶ際には「most」ではなく「almost」を選んでください)

* 形容詞として使われる場合には、most のすぐ後には名詞がきます。
* 名詞として使われる場合には、「most of the +名詞」と「of the」が most と名詞の間に入ります。Ⓑは冠詞の the がないので不正解になります。

☆「almost」と「most」の使い方は間違える人が多いので、要注意です。

〈問題文の訳〉

インターネット分野の新規事業に関する社長の声明の大部分は、先月、外国の新聞社に向けて発表されました。

———— **このトリックに気をつけて** ————

「most」と「almost」を混同して覚えている人が多いです。
そのような人は、副詞の almost を形容詞の most を入れなければならない箇所に入れがちです。そこを狙ったトリック問題だと考えてください。Ⓑの Most of も冠詞の the があれば名詞としての most としての使用ということで正解になります。

第7問

できたら……………○
できなかったら…×

● 次の選択肢の中から正しいものを選びなさい。

Because diagnosis may be cancer, the physician must before all else (　) the results of the tests.

Ⓐ examining

Ⓑ to examine

Ⓒ examine

Ⓓ examined

【単語の意味】

diagnosis [dàiəgnóusis] ……………………………… 診断
cancer [kǽnsər] ……………………………………… 癌
physician [fizíʃən] …………………………………… 内科医

〈1章 トリックに気をつけて〉 27

〈答え〉Ⓒ examine

〈解説〉

「助動詞+動詞の原形」の問題です。

「助動詞の後ろには動詞の原形」がきます。

そんなことは誰でも知っているのですが、まさかそんなに簡単な問題が出るとは思っていないため、目が行かない人も多いです。

この問題は、トリックのポイントを強調するために、挿入部分（before all else）を長くし少し難しい英文にしました。実際の TOEIC では、挿入されているのは、「副詞か not (never)」が多いです。副詞や not (never) であれば、挿入語句が一語なのでこの問題に比べ簡単です。

間違わせようと、助動詞と動詞の間に数語挟んだり、副詞や、否定の「not (never)」などを置いて、ポイントをわかりにくくさせている場合が多く、問題のポイントに気づかない人が少なからずいます。問題自体は簡単なのですが、トリックにひっかかり何の問題かわからなくなることを狙って作成された問題です。

「助動詞+動詞の原形」の問題に限らず、簡単な問題なのに、数語挿入語句を挟むことによりポイントを見えにくくしているタイプの問題があります。気をつけましょう。

〈問題文の訳〉

診断はガンかもしれないので、医者は何よりもまず検査の結果を検討しなければなりません。

────── **このトリックに気をつけて** ──────

「助動詞の後ろには動詞の原形」がきます。問題自体は簡単ですが、助動詞と動詞の間に、挿入語句を挟むことによって問題のポイントをわかりにくくしていることが多いので、注意が必要です。

第 8 問

できたら……………○
できなかったら…×

● 次の選択肢の中から正しいものを選びなさい。

The school decided to impose its ( ) punishment on the student for his unforgivable misconduct.

(A) worse

(B) worst

(C) bad

(D) worsen

【単語の意味】

impose [impóuz] ……課す、負わす
punishment [pÁniʃmənt] ……罰、処罰
unforgivable [ʌ̀nfɔːrgívəbl] ……許容できない
misconduct [mìskándʌkt] ……非行、不祥事

〈1章 トリックに気をつけて〉 29

〈答え〉 Ⓑ worst

〈解説〉
最上級の問題です。

この問題を難しくしているのは最上級につく冠詞の the を使わずに、所有格の代名詞である its を使っている点です。

所有格の代名詞と冠詞を並べて使うことができないので、冠詞が使われていないため、「最上級の問題ではない」、と勝手に思い込んでしまいがちです。

このような問題の場合、英文を読んで意味を考えなければ解けません。

英文の意味を考えれば、意味が通るのは「worst」だけだとわかります。

実際の TOEIC に出題されたタイプの問題ですが、力不足の人を間違わせようと作成された問題です。決して難問ではありませんが、ひっかかりやすい問題です。

〈問題文の訳〉
学校は許されざる非行を行なったとして、その学生に最も厳しい処罰を課すことに決めました。

———— **このトリックに気をつけて** ————

所有格の代名詞と冠詞の the を並べて使うことができないので、冠詞が使われていないため、最上級の問題だとわかりにくい問題です。このようなタイプの最上級の問題は出題頻度は高くはありませんが、出題されることがあります。一種のトリック問題です。

第9問

できたら……………○
できなかったら…×

● 次の選択肢の中から正しいものを選びなさい。

The service department of the famous watch company received many client (　　) about the defective function of the new clock which had just been put on the market.

Ⓐ complain

Ⓑ complaining

Ⓒ complaints

Ⓓ complained

【単語の意味】

client [kláiənt] ……………………………顧客
defective [diféktiv] ……………………欠陥のある、問題のある
function [fʌ́ŋkʃən] ……………………機能

〈1章 トリックに気をつけて〉 31

〈答え〉 Ⓒ complaints

〈解説〉

complaint と complain の問題です。

文脈から、顧客の「苦情」と言いたいのではと想像できます。ということは「苦情」という意味の名詞を入れればいいということがわかります。

また、「many client ( )」は動詞 received の目的語になっているとわかるので、空欄には名詞が入るのでは、と考えましょう。client が形容詞的に使われています。

名詞は complaint の複数形のⒸの complaints しかありません。

うっかり間違えて動詞であるⒶの complain を選ぶ人が少なくありません。名詞と動詞の違いは単語の最後に「t」があるかどうかだけです。

間違える人が多いので、トリック問題として出ることがあります。TOEIC は時間のない中で解くため、ついうっかり間違えてしまうようです。

〈問題文の訳〉

有名な時計会社のサービス部門には、市場に出されたばかりの新しい時計の欠陥について顧客から多くの苦情がありました。

---——————このトリックに気をつけて——————

「苦情」という意味の名詞は complaint で、「苦情を言う」という意味の動詞は complain です。単語の最後に「t」があるかどうかチェックしましょう。

それぞれの単語をきちんと覚えていない人はトリックにひっかかります。

第10問

できたら……………○
できなかったら…×

●次の選択肢の中から正しいものを選びなさい。

Unexpectedly, growth in world trade halved last year, mainly ( ) a continuing deterioration in the performance of Asia's leading exporters in the industrial sector.

Ⓐ because

Ⓑ due to

Ⓒ despite

Ⓓ while

【単語の意味】

unexpectedly [ʌ̀nikspéktidli] ………思いがけなく、意外に
world trade ……………………………世界貿易
halve [hæv] ……………………………半分になる
deterioration [ditìəriəréiʃən] ………悪化
performance [pərfɔ́ːrməns] …………業績、実績
exporter [ikspɔ́ːrtər] …………………輸出業者
industrial [indʌ́striəl] ………………工業の、産業の

〈1章 トリックに気をつけて〉 33

〈答え〉 Ⓑ due to

〈解説〉

due to の問題です。

空欄の後ろは節ではなく、名詞（句）になっています。「because」と「while」は接続詞なので後ろに節（S + V）がくるのでここでは使えません。「due to」は前置詞句、「despite」は前置詞なので後ろには名詞または名詞句がくるのでどちらかが正解だとわかりますが、despite では英文の意味が通りません。ですからⒷの「due to」が正解となります。

このタイプの問題の場合、ざっと読んで、よく考えないで because を選ぶ人が多いです。because はあまりにも使い慣れた語なのでつい間違って選んでしまうのです。

〈参考〉

「because of」と「due to」や「thanks to」はほぼ同じ意味で使われます。「because of」や「thanks to」の後ろは「due to」と同様に名詞（句）しかとれません。

〈問題文の訳〉

工業部門でのアジアの主要輸出国の業績が継続的に悪化したので、昨年の世界貿易の伸びは、予想外に半減しました。

――――――**このトリックに気をつけて**――――――

「～のために」という意味で使われる語彙を選ばせる問題で、後ろに名詞（句）がくる場合は、「because of」「due to」「thanks to」のいずれかを選べばいいのですが、正答には誰でもわかる「because of」をはずし、代わりに「due to」や「thanks to」を使っていることも多いです。また間違いを誘おうと、後ろに節しかとれない「because」を一番初めに見る選択肢Ⓐに入れていたりします。

第11問

できたら……○
できなかったら…×

● 次の選択肢の中から正しいものを選びなさい。

The new electric company announced that its stock would be listed on the stock exchange ( ) three months.

Ⓐ for

Ⓑ in

Ⓒ by

Ⓓ from

【単語の意味】

electric company ……………………………………電気会社
listed [lístid] ………………………………………上場された
stock exchange ……………………………………株式市場

〈1章 トリックに気をつけて〉 35

〈答え〉 Ⓑ in

〈解説〉

前置詞の問題です。

時を表す前置詞には at や on などいろいろありますが、この場合は「今後3カ月間のうちに」と言いたいわけですから、正解は in になります。

「～のうちに、～の後に」という場合は、前置詞 in を使います。

間違いの選択肢である「for」を選ぶ人が多いのですが、for は「～間」という意味になるため、for three months だと、3カ月間という意味になり英文の意味が通りません。

時を表す前置詞の「in」は重要です。

前置詞の問題はパート(5)と(6)を合わせると、毎回3～5問出題されます。最近は、時や場所を表す前置詞や、熟語の一部として使われている前置詞以外にもさまざまなタイプの問題が出題されます。日頃から英文を読むようにし、その中で前置詞の使われ方を覚えるようにしましょう。

〈問題文の訳〉

新しい電気会社は同社の株が3カ月後に株式市場に上場すると発表しました。

―――――このトリックに気をつけて―――――

後ろに three months があるので、反射的に for を選ぶ人が多いです。後ろに数字がくると「for」だと思い込んでいる人が多くいます。そこを狙ったトリック問題です。選択肢に「in」と「for」の両方がある場合には、英文の意味をきちんと読んで正解を選びましょう。

第12問

できたら……………○
できなかったら…×

● 次の選択肢の中から正しいものを選びなさい。

The idea of raising funds by issuing corporate bonds (　　　　) worth considering for large companies.

Ⓐ is

Ⓑ are

Ⓒ were

Ⓓ would

【単語の意味】

raise funds …………… 資金を集める
issue [íʃuː] ………………… 発行する
corporate bond ……… 社債
worth [wə́ːrθ] …………… (〜する) 価値がある
worth considering …… 熟考に値する、よく考える価値がある

〈1章 トリックに気をつけて〉 37

〈**答え**〉 Ⓐ is

〈**解説**〉

主語と動詞の一致の問題です。

この英文の主語は「The idea」です。「funds」でも「bonds」でもありません。ということは主語が単数ですから動詞は「is」になります。

直前に置かれている「bonds」もその少し前に置かれている「funds」も複数形になっています。動詞の直前や近くに複数形の名詞を置いてわざと間違わせようとしているのです。本当の主語、「the idea」は単数名詞です。一見簡単そうですが間違える人が多い問題です。トリックにひっかかってしまうのです。そのトリックとは、紛らわしい名詞を動詞の直前や近くに置いて間違わせようとするものです。

トリックのパターンとしては、前置詞、関係代名詞、分詞などを使って主語と動詞の位置を離したり、主語と動詞の間に少し長めの挿入句を入れたりさまざまです。

〈**問題文の訳**〉

社債を発行して資金を調達するというアイディアは、大企業にとって熟考に値するものです。

──────**このトリックに気をつけて**──────

動詞の直前、あるいは近くに、紛らわしい名詞を置いてわざと間違わせようとします。主語が単数名詞の場合には複数名詞を、複数名詞の場合には単数名詞を、動詞の直前に置くのが特徴です。

第13問

できたら………○
できなかったら…×

● 次の選択肢の中から正しいものを選びなさい。

In the long term, trade liberalization and lowered duty have played a vital role in (　　　) global economic integration and growth.

Ⓐ promotion

Ⓑ promotive

Ⓒ promoting

Ⓓ promote

【単語の意味】

long term	長期間
trade liberalization	貿易の自由化
duty [dú:ti]	関税、税
vital [váitl]	重要な
promote [prəmóut]	促進する、昇進させる
global [glóubl]	世界的な
integration [ìntəgréiʃən]	統合

〈1章　トリックに気をつけて〉 39

〈答え〉 Ⓒ promoting

〈解説〉
前置詞+動名詞の問題です。
空欄の前が前置詞の「in」です。前置詞の後ろは名詞（句）がきます。さらに、空欄の後ろに目的語があることから動詞の働きをするものでなければならないので、名詞ではダメだということがわかります。ということは、動名詞の「promoting」を選べば正解ということになります。空欄の後ろを見ないで、前置詞の後だからと、すぐに名詞を選んでしまう人が多いので気をつけてください。「えっ、そんなミスするわけない」と思うでしょうが、TOEIC は時間のない中で急いで解くため、簡単なミスをする人が多いのです。「前置詞+動名詞の問題」は頻出問題です。

〈問題文の訳〉
長期的に見れば、貿易の自由化と関税の引き下げは世界経済の統合と成長の促進に、重要な役割を果たしてきました。

―――――このトリックに気をつけて―――――
前置詞の後ろということで、名詞を選ばせようと、選択肢に名詞「promotion」を入れています。選択肢をチェックする際Ⓐからチェックする人が多いので、わざとひっかかりそうな単語を選択肢Ⓐに入れています。ひっかかる人が思いのほか多い問題です。

第14問

できたら…………○
できなかったら…×

● 次の選択肢の中から正しいものを選びなさい。

The company has been (　) its employees to take early retirement, but the response has been discouraging.

Ⓐ encouraged

Ⓑ encouraging

Ⓒ encouragement

Ⓓ encourage

【単語の意味】

employee [emplɔ́ii:] ……………従業員、会社員
early retirement ………………早期退職
response [rispáns] ………………反応、応答
discouraging [diskə́:rədʒiŋ] ……落胆させる、思わしくない

〈1章　トリックに気をつけて〉 41

〈答え〉 Ⓑ encouraging

〈解説〉

現在分詞の問題です。

「encourage A to B」で、「A が B することを勧める」という意味の表現でよく使い、その使い方を問う問題ですから、現在分詞の encouraging を入れれば正しい英文になります。

この英文は「encourage A to B」の encourage の部分が現在完了進行形になっています。

ここで、現在進行形を使っている理由は、be 動詞があるので「受動態の英文かも」と勘違いをさせて、間違いの選択肢のⒶの encouraged を選ばせようとしているためです。

be 動詞があるからといって、Ⓐの encouraged を選ばないようにしましょう。

〈注意〉

「encourage A to B」は A の部分を主語にして、「A is encouraged to B」の形で使われることも多く、その場合には encouraged を使わなければなりません。

Ⓐの encouraged を間違って選ばせようと意図的に be 動詞を使って進行形にしている、いわゆるトリック問題です。実際に TOEIC で使われたことのあるトリックです。

〈問題文の訳〉

会社は従業員に早期退職を勧めてきましたが、反応は思わしくありませんでした。

───── **このトリックに気をつけて** ─────

「encourage A to B」で、「A が B することを勧める」という意味の能動態の英文です。

「A is encouraged to B」は、「A は B することを勧められる」という意味の受動態の文です。

第15問

できたら……………○
できなかったら…×

● 次の選択肢の中から正しいものを選びなさい。

The president decided that he would hold a press conference as (   ) as he could after the annual report has been drawn up and printed.

(A) prompt

(B) promptly

(C) prompted

(D) prompters

【単語の意味】

press conference ……………記者会見
annual report ………………年次報告書、アニュアルレポート
draw up ………………………作成する

〈1章 トリックに気をつけて〉 **43**

〈答え〉Ⓑ promptly

〈解説〉

as 〜 as（比較）の問題です。
「as +（形容詞 / 副詞の）原級 + as」で、「--- と同じくらい〜」という意味になります。この英文の場合、副詞の promptly を入れれば正しい英文になります。
この英文では動詞が hold と一般動詞が使われているので、副詞が入ります。
この問題では副詞の promptly が正解ですが、「形容詞が入ることもある」ということを覚えておきましょう。動詞が be 動詞の場合には形容詞が入ります。
副詞が入るのか形容詞が入るのかは動詞を見て判断します。be 動詞が使われていれば形容詞、一般動詞が使われていれば副詞、を入れます。

〈注意〉

動詞の部分に、be held のように be 動詞が使われていても、受動態の be 動詞であれば一般動詞として扱い、as 〜 as の〜の部分には副詞を入れます。動詞のもとの形が一般動詞だからです。動詞を受動態にして混乱させる、というトリックも実際の TOEIC で使われたことがあります。

〈問題文の訳〉

社長は営業報告書が作成され印刷されたら、できるだけ早く記者会見することにしました。

──────**このトリックに気をつけて**──────

as 〜 as の構文を見ると、何も考えないで〜の部分に形容詞を入れる人が少なからずいます。〜の部分に形容詞が入るのか、副詞が入るのかは、動詞で決まります。
be 動詞であれば形容詞、一般動詞であれば副詞を入れます。

第16問

できたら…………○
できなかったら…×

●次の選択肢の中から正しいものを選びなさい。

IT technology changes rapidly and dramatically, but nevertheless his IT company expanded because he remained ( ) adaptable.

(A) high

(B) highly

(C) height

(D) higher

【単語の意味】

rapidly [rǽpidli] ……………………急速に、迅速に
dramatically [drəmǽtikli] …………劇的に
expand [ikspǽnd] ……………………拡大する
adaptable [ədǽptəbl] ………………順応できる、適応できる

〈答え〉Ⓑ highly

〈解説〉

第 2 文型の動詞（remain）の問題です。

「remain」のように第 2 文型を作る動詞は be 動詞と同じ性質を持ち、「remain + 補語」の形で使うことができ、「remain の後ろの補語の部分には形容詞が入る場合が多い」とだけ覚えている人が、うっかり、Ⓐの high を選んでしまうのです。そこを狙ったトリック問題です。

remain を be 動詞に置き換えて考えてみましょう。be 動詞の後ろが空欄になっていて、空欄の後ろが形容詞になっています。ということは、空欄には形容詞を修飾する副詞を入れなければならないとわかります。

「remain の後ろは形容詞」とだけ覚えている人がひっかかる問題です。第 2 文型を作る動詞の後ろに空欄がある問題の場合、さらに空欄の後ろもチェックしましょう。

第 2 文型を作る動詞は be 動詞に置き換えてみるとわかりやすいです。

第 2 文型を作る動詞は他にも become、grow、seem、などいろいろありますが、他の動詞に比べると TOEIC には remain がよく出ます。

〈問題文の訳〉

IT 技術は急速、かつ劇的に変化しますが、それでも彼は非常に順応性が高かったので彼の IT 企業は発展しました。

---**このトリックに気をつけて**---

第 2 文型を作る動詞は、be 動詞と同じ性質を持ち、「remain + 補語」の形で使うことができ、「remain の後ろの補語の部分には形容詞が入る場合が多い」ですが、空欄の後ろに形容詞が置かれている時には、形容詞を修飾する副詞を入れましょう。

第17問

できたら………◯
できなかったら…×

● 次の選択肢の中から正しいものを選びなさい。

Since ABC Manufacturer had been (　) hit by continuing deflation and the stagnant domestic market, it went bankrupt.

(A) hard

(B) harden

(C) hardly

(D) hardening

【単語の意味】

manufacturer [mænjəfǽktʃərər]
　　……………………………製造メーカー、製造会社
deflation [difléiʃən] ……………デフレ、収縮
stagnant [stǽgnənt] ……………不景気な、活気のない
domestic market ………………国内市場
go bankrupt ……………………倒産する

〈1章　トリックに気をつけて〉 47

〈答え〉Ⓐ hard

〈解説〉

hard と hardly の問題です。

*「hard」は副詞と形容詞の両方があります。空欄には「ひどく、激しく」という意味の副詞の hard を入れなければなりません。

*「hardly」は「ほとんど〜ない」という意味の副詞で、hard とはまったく意味が異なります。

「most」と「almost」を勘違いしている人が多いように、「hard」と「hardly」も勘違いしている人が多いので、そこを狙って出題されることがあります。出題頻度はそれほど高くはありませんが、ここで違いを確認しておきましょう。

〈重要〉

「hardly」に「ly」がついているので、「hard」が形容詞、「hardly」が似た意味の副詞と考えがちです。そうではなく、hardly はまったく意味の異なる別の単語です。

また、「ly がつかない副詞もある」ということも一緒に覚えておきましょう。

〈問題文の訳〉

ABC 製造会社は、デフレの継続と国内市場の低迷によって大きな打撃を受けたため、倒産しました。

――――――このトリックに気をつけて――――――

「hardly」は「hard」の副詞だと勘違いしている人がかなりいます。ですから英文中で間違って使われていても気づかない人が多く、そこを狙ったトリック問題だと考えてください。

第18問

できたら………○
できなかったら…×

● 次の選択肢の中から正しいものを選びなさい。

The (　) possessing unexpected surplus supply passed most of its excess stock to wholesalers and retailers in the fourth quarter of last year.

Ⓐ manufactured

Ⓑ manufacturing

Ⓒ manufacturer

Ⓓ manufacture

【単語の意味】

possess [pəzés] ……………………………保有する、持つ
unexpected [ʌ̀nikspéktid] …………………予期しない、意外な
surplus [sə́ːrplʌs] …………………………余剰、余り
supply [səplái] ……………………………在庫、供給
excess stock ………………………………過剰在庫
wholesaler [hóulsèilər] ……………………卸売り業者
retailer [ríːtèilər] …………………………小売業者
the fourth quarter ………………………第4四半期

〈1章　トリックに気をつけて〉 49

〈答え〉 © manufacturer

〈解説〉

似通ったスペルの問題です。

選択肢の単語のすべてが似通ったスペルで、英文の意味が通るように、適切なものを選ぶというタイプの問題です。最初に、品詞で考えます。動詞は空欄の少し後ろの「passed」ですから、空欄には主語となる名詞が入るのではないかと想像できます。④の manufactured と、⑧の manufacturing は形容詞なので、消去できます。⑩の manufacture は名詞で使われると「製造、製品」という意味です。ですから、「製造会社、メーカー」という意味の©の manufacturer が正解となります。

似通ったスペルの問題は、語彙問題の一種ですから、英文全体を読んで文意に合うものを選ばなければなりませんが、選択肢の単語の大半が似通ったスペルの単語なので、間違えやすいのです。単語それぞれの意味をきちんと覚えていない人向けの、一種のトリック問題だと考えてください。

〈問題文の訳〉

昨年第4四半期に、予想外の余剰在庫をかかえてしまったその製造メーカーは、過剰在庫のほとんどを、卸売り業者や小売業者に引きわたしました。

―――――このトリックに気をつけて―――――

似通ったスペルの単語の意味の違いを、一つずつ覚えていない人が多いため、狙われます。わざと紛らわしい単語を選択肢に入れてひっかけようとします。特に、人（組織）を表す場合の語尾の形はどうなのか、という点に気をつけましょう。

第19問

できたら……………○
できなかったら…×

● 次の選択肢の中から正しいものを選びなさい。

( ) of the European bond market shows that industrial companies are not moving from bank-loan financing into the bond market as fast as was anticipated.

Ⓐ Analyst

Ⓑ Analysis

Ⓒ Analytical

Ⓓ Analyze

------【単語の意味】------

bond market ……………………………債券
industrial company …………………生産会社
finance [fáinæns] ……………………融資
anticipate [æntísəpèit] ………………予想する、期待する

〈1章 トリックに気をつけて〉 51

〈答え〉 Ⓑ Analysis

〈解説〉

品詞（名詞）の問題です。

空欄直後は of と前置詞になっています。ということは、文頭の空欄には名詞が入ると考えられます。

そこでⒶの Analyst を選んでしまうのです。選択肢を見るときⒶから見る人が大半で最初の選択肢Ⓐに名詞があれば「あった」と、ほかの選択肢をチェックしない場合が多いのです。実はⒷの Analysis も名詞です。

Ⓐの Analyst は「アナリスト」として日本語でも使っているように、人を指します。

Ⓑの Analysis は「分析」という意味です。

この英文の場合、ⒷのAnalysisでなければ意味が通りません。

正答として名詞を選ばせる問題では、時々この問題のように、選択肢に概念を表す名詞と人を指す名詞の両方を入れて、ケアレスミスを誘おうと作成された問題が出ることがあります。どちらが正しいのかよく考えましょう。

〈問題文の訳〉

ヨーロッパの債券市場の分析によると、生産会社は、予想されたほどの速さでは銀行ローン融資から債券市場へと移行していません。

―――― **このトリックに気をつけて** ――――

名詞の問題が出る場合、選択肢に概念を表す名詞と、人を指す名詞の両方が入っている場合があります。人を指す名詞を先に見て「これだ！」とすぐに選ばず、他の選択肢に名詞がないかどうかチェックしましょう。そのうえでどちらが適切なのかを見極めましょう。

第20問

できたら…………○
できなかったら…×

● 次の選択肢の中から正しいものを選びなさい。

Due to continuing bad sales, the chain store was forced to announce the ( ) of 50 stores in local areas.

Ⓐ to close

Ⓑ close

Ⓒ closed

Ⓓ closing

【単語の意味】

force to ～ ……………………………～することを余儀なくさせる
local area ……………………………地元地域

〈1章 トリックに気をつけて〉

〈答え〉 Ⓓ closing

〈解説〉

品詞（名詞）の問題です。

空欄の前は冠詞の the で、後ろは前置詞の of です。

冠詞と前置詞の間には名詞が入ります。

名詞を探そうと思ってもどれが名詞なのか、形だけではわかりにくいため間違える人が多いです。「閉鎖」という意味の名詞は「closing」です。

Ⓓの closing は、語尾が ing ですが名詞です。語尾が ing だと現在分詞と考えてしまいがちで、現在分詞は形容詞の働きをするので、ここでは使えないと思ってしまいⒷの close を選んでしまうのです。そこを狙ったトリック問題です。

日頃からビジネス系の英文を読んでいるとよく使われる表現なので間違えないのですが、単語を「〜 ing 〜 ed がつくのは分詞（形容詞）」と、形だけで覚えていると、トリックにひっかかります。

〈問題文の訳〉

販売不振が続いていたため、そのチェーンストアは地方にある 50 店舗の閉鎖を発表せざるをえませんでした。

―――――― **このトリックに気をつけて** ――――――

語尾に ing のついた名詞もあります。語尾に ing がついていると形容詞の働きをする「現在分詞」だと思ってしまう人が多く、そこを狙ったトリック問題です。ひっかかる人の多い問題です。

第21問

できたら………○
できなかったら…×

● 次の選択肢の中から正しいものを選びなさい。

Please be informed that all money which ( ) sent in cash cannot be accepted and will be returned without question.

Ⓐ are

Ⓑ be

Ⓒ is

Ⓓ been

-----【単語の意味】-----
inform [infɔ́ːrm] ……………………………知らせる、通知する
return [ritə́ːrn] ……………………………返す、戻す

〈1章 トリックに気をつけて〉

〈答え〉 Ⓒ is

〈解説〉

不可算名詞の問題です。

all は可算名詞の複数形を修飾することもできるし、不可算名詞を修飾することもできます。

ですが、all は可算名詞の複数形しか修飾しない、と思っている人が多くいます。

そういう人は、空欄より少し前の all を見た瞬間に、動詞はⒶの are を選んでしまうのです。

実際には、all は不可算名詞も修飾します。all に続く money は不可算名詞です。

that 以下を見ると、主語は all money です。money という不可算名詞を形容詞の all が修飾しているので、動詞は is を使わなければなりません。

all は可算名詞しか修飾しない、と思い込んでいる人をひっかけるトリック問題です。

〈問題文の訳〉

現金で送られたすべてのお金は受け取ることができませんので、いかなる場合もお返しすることをご通知申し上げます。

──────**このトリックに気をつけて**──────

all は可算名詞も不可算名詞も修飾することができます。後ろに money のような不可算名詞がきている場合には、動詞は is を使います。後ろに可算名詞の複数形がきている場合には、動詞は are を使います。この問題を間違える人の中には all の使い方を知らないだけでなく、money が不可算名詞なのか、可算名詞なのかを知らないという人もいます。ひっかかりやすい問題です。

第22問

●次の選択肢の中から正しいものを選びなさい。

In advertising, the Green Precision Instruments has called ( ) the best company for making machinery necessary to manufacture the fine parts which go into the mechanism of a wristwatch.

Ⓐ it

Ⓑ them

Ⓒ itself

Ⓓ themselves

【単語の意味】

advertising [ǽdvərtàiziŋ] ……………………広告、宣伝
precision instrument ……………………精密機械、精密器具
machinery [məʃí:nəri] ……………………機械類、機械装置
manufacture [mæ̀njəfǽktʃər] …………製造する
fine [fáin] ……………………………………繊細な、微妙な
wristwatch ……………………………………腕時計

〈1章 トリックに気をつけて〉

〈答え〉 Ⓒ itself

〈解説〉

代名詞の問題です。

空欄に入るのは目的語で、目的語に主語と同じ物（人）が入る場合には、self のついた再帰代名詞を使わなければならないので、答えはⒸの itself か、Ⓓの themselves のどちらかだということがわかります。

主語は the Green Precision Instruments と企業名です。ひっかかってしまうのは Instruments と企業名の最後に「s」がついているので、つい them で受けるのだろうと考えて、答えに「themselves」を選んでしまうことです。

企業は「it」で受けます。ですから、Ⓒの「itself」を選ばなければなりません。

頻出問題ではありませんが、過去に出題されたことのある問題です。

出題されるとしても、3年に1度くらいではないでしょうか。

代名詞の問題自体は頻出問題の一つです。日本人には強い分野ですが、間違いを誘おうと工夫をこらした英文での出題も多いです。ケアレスミスに気をつけてください。

〈問題文の訳〉

広告の中で、Green Precision Instruments は同社を、腕時計の構造に組み込まれる精密な部品製作に必要な器械を製造する、最も優れた会社であると言っています。

――――このトリックに気をつけて――――

企業名の最後に s がついていて複数形になっていても、単数扱いをしましょう。

第23問

●次の選択肢の中から正しいものを選びなさい。

She is not used to ( ) her job and household responsibilities.

Ⓐ balancing

Ⓑ balanced

Ⓒ balance

Ⓓ have balanced

【単語の意味】

balance [bǽləns] ……………………… バランスをとる
household [háushòuld] ……………………… 家族の、一家の
responsibility [rispànsəbíləti] ……………………… 責任、責務、義務

〈1章 トリックに気をつけて〉

〈答え〉 Ⓐ balancing

〈解説〉

used to と be used to の問題です。
中学校の時に何度も学習したと思います。思い出してください。

* 「used to ＋動詞の原形」……よく〜したものだ
* 「be used to ＋動名詞」……〜し慣れている

でしたね。

(例) He used to go to church every Sunday.
(彼は日曜ごとに教会に行ったものだ)
I am used to getting up early in the morning.
(私は早起きし慣れている)

この問題の場合、空欄の前に be 動詞があるので、「be used to ＋動名詞」の方だというのはすぐにわかります。特に空欄補充の問題の場合、空欄の前後が重要になります。空欄の前後に注意してください。

〈問題文の訳〉

彼女は、仕事と家庭を両立させることに慣れていません。

―――――― このトリックに気をつけて ――――――

「used to ＋動詞の原形」と「be used to ＋動名詞」を混同して覚えている人はかなりいます。無意識のうちに、Ⓒの balance を選んでしまう人が結構いるのではないかと思います。また「be used to」の「to」は実は前置詞なのですが、「to だから不定詞だ」と勘違いしてⒸの balance を選んでしまう人もいると思います。そこを狙ったトリック問題だと考えてください。

さらにスコアアップ！

【新 TOEIC になって】

● リスニングセクションについて

改変前との大きな違いは、パート(3)と(4)の解き方です。パート(3)と(4)は、次の問題の設問と選択肢をリズムよく「先読み」できるかどうかが勝敗の鍵を握ります。

パート(3)とパート(4)でどれくらい取れるかがこのセクションの得点を決めるため、リスニング練習と同時に先読みの練習をしなければ高得点を狙うのは厳しいです。会話を聞きながら同時に英文を読めるという人は、英語力の相当高い人や同時通訳の訓練を受けたようなごく一部の人だけです。ですから、理想は英文を聞く作業と、設問文や選択肢を読む作業を分けることです。また、パート(3)とパート(4)を続けて60問の先読みをするためにはかなりの集中力が必要です。750点くらいまでであれば、リスニングセクションの練習は新旧の公式問題集3冊で十分です。あれもこれもと手を広げない方がいいかもしれません。

● リーディングセクションについて

TOEIC改変後のもっとも大きな変化は、パート(7)の長

さらにスコアアップ！

文読解問題に、従来のシングルパッセージに加え、ダブルパッセージが4題（20問）も加わったことです。これにより、改変前のテストにも増して時間に追われて解かなければならなくなったはずです。

同時に、単にスピードを上げて読むだけでなく、問われている情報のありかを一瞬で探さなければならないテストに変わりました。スキミングなどの練習も重ね、「情報をとる」読み方を取り入れなければならなくなりました。「情報処理能力」という、英語力以外の力も求められます。

また、パート(5)は出題の半分が語彙問題ですが、その語彙もビジネス系の語彙にシフトしています。語彙問題をとろうと思えば、単に単語本で単語を片端から覚えるだけでは不十分で、ビジネス系の英文を読む習慣をつけ、その中で意味や使われ方を覚えるようにすることも重要になります。パート(6)は基本的にはパート(5)と同じですが、顧客に出すEメールや手紙で使われる表現を問う問題が増えています。普段仕事で英文のEメールや手紙に触れていない人は、Eメールや手紙で頻繁に使う表現などを集めた本に、一度目を通しておく必要もあります。

2章

絶対に おさえておきたい この問題

TOEICテストには、頻出問題として「絶対におさえておかなければならない問題」があります。この章では、得点確保のためにマスターしておかなければならない問題を取り上げています。

第1問

できたら……○
できなかったら…×

● 次の選択肢の中から正しいものを選びなさい。

In order to show the excellent results of his research, Tom made a long ( ) to his company's CEO.

Ⓐ speaking

Ⓑ speak

Ⓒ speaker

Ⓓ speech

【単語の意味】

excellent [éksələnt]
……………優れた、卓越した
result [rizʌ́lt] …結果、成果
CEO ……………最高経営責任者（chief executive officer）

〈2章 絶対におさえておきたいこの問題〉 65

〈答え〉 Ⓓ speech

〈解説〉

品詞（名詞）の問題です。

問題を解く時にまず注意しなければならないのが、空欄の前後です。

空欄の前を見ると、「a（冠詞）+ long（形容詞）」と続いています。形容詞が修飾するのは名詞です。ということは、ⒶからⒹの選択肢の中から名詞を選べばいいのです。名詞はⒸの speaker と、Ⓓの speech の 2 つですが、「speaker」は「話す人」という意味なので、文意に合いません。ですからⒹの speech が正解となります。

品詞に関する問題は、パート(5)と(6)を合わせると毎回 10 問前後出題されます。品詞の問題は、全文を読まなくても解ける問題が多いので、必ず GET しましょう。

〈問題文の訳〉

トムは彼の会社の CEO（最高経営責任者）に、自分のリサーチの素晴らしい成果を示すために、長いスピーチを行ないました。

——————**絶対におさえておきたいこのポイント**——————

形容詞が修飾するのは名詞です。形容詞の後ろに空欄があれば、特殊な場合を除いて、名詞を選びましょう。

第2問

できたら…………○
できなかったら…×

●次の選択肢の中から正しいものを選びなさい。

Mr. Thomas checked (　) bag at the cloakroom before going to the reception.

Ⓐ his

Ⓑ him

Ⓒ he

Ⓓ himself

【単語の意味】

check [tʃék] ……………………一時預ける
cloakroom [klóukrù:m] ………クローク
reception [risépʃən] ……………レセプション、歓迎会、宴会

〈答え〉 Ⓐ his

〈解説〉

代名詞の問題です。

代名詞の問題は、毎回3～5問ずつ出題されます。

主な出題パターンは数パターンあり、その一つが、この問題のように代名詞の格を問う問題です。

この英文では、彼のバッグということですから、he の所有格の his を使わなければなりません。日本人にとってはきわめて簡単な問題なので、間違える人はほとんどいないと思います。

〈問題文の訳〉

トーマスはレセプションに行く前に、クロークに彼のバッグを預けました。

――――絶対におさえておきたいこのポイント――――

人称代名詞 he は、he（主格）– his（所有格）– him（目的格）– his（所有代名詞）– himself（再帰代名詞）と変化します。
I、we、you、she、it、they についても、格が変わると形がどのように変わるかを復習しておきましょう。とても簡単な問題です。

第3問

できたら……………○
できなかったら…×

●次の選択肢の中から正しいものを選びなさい。

E-banking is (　) for people who are pressed by work during the daytime.

Ⓐ convenience

Ⓑ conveniently

Ⓒ convenient

Ⓓ convene

【単語の意味】

e-banking ……………………………インターネットバンキング
pressed [prést] ……………………圧迫する
daytime [déitàim] …………………昼間、日中

〈答え〉 ⓒ convenient

〈解説〉

品詞（形容詞）の問題です。
この場合、「インターネットバンキングは便利だ」と状態を説明しているので、形容詞の「convenient」が正解です。
名詞の「convenience」を be 動詞の後ろにもってくると、「インターネットバンキングは便利さです」となり、間違いになります。
be 動詞の後ろは形容詞、一般動詞の後ろは目的語である名詞、の区別をさせる問題は時々出ます。
時々出る、と頭に入れておくと瞬時に解くことができます。
品詞に関する問題は、パート(5)と(6)を合わせると毎回 10 問前後出題されます。品詞の問題は、いったん覚えると簡単な問題ばかりなので、必ず GET しましょう。

〈問題文の訳〉

インターネットバンキングは、日中仕事に追われている人々にとって便利です。

───── **絶対におさえておきたいこのポイント** ─────

be 動詞の後ろには過去分詞や現在分詞がくることもありますが、「be 動詞の後ろは形容詞、一般動詞の後ろは目的語である名詞」を問う問題が出る、と覚えておけば、be 動詞と名詞との間での選択に迷いません。

第4問

できたら…………○
できなかったら…×

● 次の選択肢の中から正しいものを選びなさい。

We deeply regret that the parts which you ordered are ( ) not in stock but will be available within the next three weeks.

(A) currently

(B) significantly

(C) slightly

(D) completely

【単語の意味】

regret [rigrét] ……………………………………残念に思う
part [pá:rt] ………………………………………部品
stock [sták] ………………………………………在庫
available [əvéiləbl] ……………………………入手できる

〈2章　絶対におさえておきたいこの問題〉 71

〈答え〉 Ⓐ currently

〈解説〉

適切な意味の副詞を選ぶ問題です。

TOEIC 改変前は「現在完了とともに用いる適切な意味の副詞」を選ばせる問題も頻繁に出ていましたが、最近ではこれらの問題が減り、完了形以外の時制の英文が問題文として使われ、その英文の意味に合致する適切な意味の副詞を選ぶ問題の方が増えています。

現在完了とともに用いる副詞であれば、ある程度使われる副詞の数も決まってくるのですが、さまざまな時制での英文となると、語彙問題に近くなります。普段から多くの英文を読んでいる人は直感で正答を選べますが、そうでない人にとっては時間のかかる問題です。

この英文の場合、「be not in stock（在庫がない）」という表現が一番のヒントです。

「will be available within the next three weeks（3週間以内に入手可能になるでしょう）」の部分もヒントになります。

英文の意味を考えれば、currently「現在は」を入れれば英文の意味が通ることがわかります。適切な意味の副詞を入れる問題で正答するには、普段から英文を読むようにして、その中でさまざまな副詞の意味や使い方を覚えるといいでしょう。

〈問題文の訳〉

誠に申し訳ございませんが、あなた様がご注文された部品は現在在庫がなく、3週間以内に入荷する予定です。

─────**絶対におさえておきたいこのポイント**─────

適切な意味の副詞を選ぶ問題はいわば語彙問題です。英文を読んで適切な意味の副詞を選ばなければならず時間がかかります。このタイプの問題は、最近、ほぼ毎回出題されています。

第5問

できたら……………○
できなかったら…×

● 次の選択肢の中から正しいものを選びなさい。

Several economists foresee that an (　　) strong yen will make Japanese exports more expensive and hit automakers.

Ⓐ increasingly

Ⓑ increasing

Ⓒ increased

Ⓓ increase

【単語の意味】

economist [ikánəmist] ……………経済学者、経済専門家
foresee [fɔːrsíː] ……………………予見する
strong yen ……………………………円高
export [ékspɔːrt] ……………………輸出
hit [hít] ………………………………打撃を与える
automaker [ɔ́ːtoumèikər] …………自動車メーカー

〈2章 絶対におさえておきたいこの問題〉 73

〈答え〉 Ⓐ increasingly

〈解説〉
品詞（副詞）の問題です。
空欄の後ろの「strong」は形容詞です。形容詞を修飾するのは副詞です。選択肢の中で副詞は、「increasingly」しかありません。副詞は、主に、動詞、形容詞、他の副詞、副詞句、文全体を修飾します。

〈重要〉
語尾に「ly」がついている場合は副詞だとすぐに気づきますが、語尾に「ly」がつかない副詞の場合よく間違えます。often、seldom、very、well 等がそうです。また、hard、fast、late 等のように、形容詞と同形の副詞もあり、混同されがちです。気をつけましょう。品詞に関する問題は、パート(5)と(6)を合わせると毎回 10 問前後出題されます。品詞の問題の中で一番間違えやすいのは、副詞の問題です。特にここで取り上げた、形容詞を修飾する場合の副詞の問題は要注意です。

〈問題文の訳〉
数人の経済学者は、次第に円が高くなることで、日本の輸出製品が割高になり、自動車メーカーに打撃を与えるだろうと予測しています。

―――――絶対におさえておきたいこのポイント―――――
選択肢を見ると、似たような単語が並んでいるので、すぐに品詞の問題だと気づきます。品詞の問題では、空欄の前後がヒントになります。この問題の場合、空欄の後ろに形容詞がきています。形容詞を修飾するのは副詞です。

第6問

できたら……○
できなかったら…×

● 次の選択肢の中から正しいものを選びなさい。

Mr. Ito has ( ) arrived in New York and tomorrow he will see one of the famous researchers to discuss an effective remedy for AIDS.

Ⓐ yet

Ⓑ soon

Ⓒ already

Ⓓ still

【単語の意味】

researcher [ri:sə́:rtʃər] ……………………研究者
discuss [diskʌ́s] ………………………………議論する、討論する
effective [iféktiv] ……………………………効果的な
remedy [rémədi] ……………………………治療薬、救済策

〈2章 絶対におさえておきたいこの問題〉 75

〈答え〉 Ⓒ already

〈解説〉
現在完了とともに用いる副詞の問題です。
意味を考えると正解はⒸの already しかありません。このような問題では、英文の意味を考えて、英文の意味が通るような適切な意味の副詞を選ぶしかありません。現在完了とともに用いる副詞の問題は、日本人が得意とする問題なので、絶対に GET してください。この手の問題でよく出る副詞は、already（すでに）、almost（ほとんど）、just（ちょうど）、ever（これまでに）、yet（まだ）等です。yet は否定文や疑問文で使います。

〈最近の傾向〉
最近は、さまざまな時制の英文が使われていて、その英文にあてはまる適切な副詞を選ぶ、という問題の出題が増えています。さまざまな副詞が出るため、それぞれの副詞の意味を知っておく必要がありその点では語彙問題と似ています。
選択肢に難しい意味の副詞が並ぶこともあるので、普段から英文を読むようにし、その中で副詞の意味や使い方を覚えるといいでしょう。

〈問題文の訳〉
伊藤さんはすでにニューヨークに到着していて、明日、エイズに効く治療薬について、有名な研究者の一人と会って話し合うことになっています。

――――絶対におさえておきたいこのポイント――――
現在完了とともに用いる副詞の問題は、英文を読んで英文の意味が通るような適切な意味の副詞を選ぶしかありません。否定文や疑問文でない場合、「yet」は自動的に消去してください。

第7問

できたら………○
できなかったら…×

● 次の選択肢の中から正しいものを選びなさい。

Because the new law regarding the establishment of corporations has changed, many entrepreneurs will take advantage (　　) the newer relaxed requirements.

(A) with

(B) of

(C) for

(D) at

【単語の意味】

regarding [rigá:rdiŋ] ……………………～に関して
establishment [istǽbliʃmənt] ……………設立
entrepreneur [à:ntrəprənə́:r] ……………企業家、起業家
relaxed [rilǽkst] ……………………………穏やかな、寛大な
requirement [rikwáiərmənt] ………………必要条件、要件

〈2章　絶対におさえておきたいこの問題〉 77

〈答え〉 Ⓑ of

〈解説〉

前置詞の問題です。

「take advantage of ～」で「～を利用する」という意味の熟語です。

頻繁に使われる熟語で、TOEIC にも時々出題されます。

今日の問題のように、よく使われる熟語の一部の前置詞が問われる場合も多いです。

take advantage of のような熟語の場合、「take」や「advantage」部分が空欄になっている場合もあります。どの部分が空欄になっていても正解できるようにしましょう。

前置詞も問題はパート(5)と(6)を合わせると3～5問の出題があります。

前置詞の問題が出題される場合、最近はさまざまなタイプの問題が出題されるので、日頃から英文を読むようにし、その中で頻繁に出てくる前置詞の使われ方を覚えた方が早いかもしれません。

この問題のように、熟語の一部に使われている前置詞を問う問題もよく出題されます。

〈問題文の訳〉

会社設立に関する新しい法律が変更になったので、多くの起業家が、新しく緩和された条件を利用するでしょう。

───絶対におさえておきたいこのポイント───

「take advantage of」は「利用する」という意味の熟語です。

熟語の一部として使われている前置詞を問う問題も、前置詞の問題の中では頻出問題の一つです。

頻繁に使われる熟語については、どの前置詞が使われているのか注意をしましょう。

第8問

できたら…………○
できなかったら…×

● 次の選択肢の中から正しいものを選びなさい。

University students (　　) promising jobs now have a better chance at getting what they want due to the noticeably improved economy.

Ⓐ seek

Ⓑ seeking

Ⓒ will seek

Ⓓ seeks

【単語の意味】

promising [práməsiŋ] ……………見込みのある、期待できる
noticeably [nóutəsəbli] …………著しく、目立って
improved [imprú:vd] ……………改善された

〈2章 絶対におさえておきたいこの問題〉

〈答え〉Ⓑ seeking

〈解説〉

現在分詞の問題です。

分詞には現在分詞（〜 ing）と過去分詞（〜 ed）があります。両方とも形容詞的に用いられることが多いです。

分詞の使い方としては、修飾する「名詞の前にくる」用法と、「名詞の後ろにくる」用法があります。名詞の前にくるのは「分詞＋名詞」のように単純な構造の場合です。一方、名詞の後ろにくるのは、「名詞＋分詞＋前置詞句」などのより複雑な構造の場合です。この問題文は、修飾する名詞の後ろにくる用法です。

分詞は形容詞の働きをするので名詞を修飾します。現在分詞は「〜している」という意味になり、過去分詞は「〜される、された」という意味になる場合が多いので、訳してみればどちらが正解なのかわかります。

空欄の前後を直訳してみると「求めている学生」と、「〜している」と訳せます。

「応募された学生」ではありません。ですから、現在分詞の「seeking」が正解となります。

分詞の問題はほぼ毎回出題されています。

〈問題文の訳〉

将来性のある仕事を求めている大学生は、景気が著しく好転しているので、今や希望の職を得るよりよいチャンスに恵まれています。

──── **絶対におさえておきたいこのポイント** ────

「〜している」なのか、「〜される、された」なのか、名詞を中心に直訳してみましょう。

「〜している」の場合は現在分詞を、「〜される、された」の場合は過去分詞を選びましょう。

第9問

できたら……………○
できなかったら…×

● 次の選択肢の中から正しいものを選びなさい。

He was able to pass the national exam thanks to the substantial amount of time ( ) studying one year before.

Ⓐ spent

Ⓑ spend

Ⓒ spending

Ⓓ to spend

【単語の意味】

pass [pǽs] ………………………………………合格する
national exam ……………………………………国家試験
substantial [səbstǽnʃl] ………………………かなりの、大量の
amount [əmáunt] ………………………………量

〈2章　絶対におさえておきたいこの問題〉 81

〈答え〉 Ⓐ spent

〈解説〉

過去分詞の問題です。

分詞には現在分詞と過去分詞があります。

両方とも、形容詞的に用いられることが多いです。

形容詞ですから、名詞を修飾します。

現在分詞は「～している」という意味になり、過去分詞は「～される、された」という意味になるので、訳してみればどちらが正解なのかわかります。

分詞の使い方としては、修飾する「名詞の前にくる」用法と、「名詞の後ろにくる」用法があります。この英文の空欄部分は、修飾する名詞の後ろにくる用法です。

空欄の前後を訳してみると正答がわかります。

「費やされた」と、「～された」と訳せます。ということは過去分詞の「spent」が入れば正しい英文になるということです。

分詞の問題はほぼ毎回出題されています。

まれに、「～している」と「～される、された」では判断のつかない英文/問題があります。それは、日本語と英語の構造の違いです。

〈問題文の訳〉

彼は一年前に勉強に多大な時間を費やしたおかげで、国家試験に合格できました。

───── 絶対におさえておきたいこのポイント ─────

「～される、された」なのか、「～している」なのか、名詞を中心に直訳しましょう。

「～される、された」の場合は過去分詞、「～している」の場合は現在分詞を選びましょう。

第10問

できたら……………○
できなかったら…×

● 次の選択肢の中から正しいものを選びなさい。

The company has spent much money on research, production, packaging and advertising of the product, but sales are (   ).

Ⓐ disappointed

Ⓑ disappointment

Ⓒ disappointing

Ⓓ disappoint

【単語の意味】

research [ríːsəːrtʃ] ……………研究
production [prədʌ́kʃən] ……………生産
advertising [ǽdvərtàiziŋ] ……………広告、宣伝

〈答え〉 ⓒ disappointing

〈解説〉

分詞の問題です。

be動詞の後ろなので、形容詞の働きをする分詞の、disappointed か disappointing かのどちらかを選べばいいということが想像できます。

現在分詞の disappointing は、(物) が「失望させる、がっかりさせる」という意味です。(人) が「失望させられる、がっかりさせられる」という場合は、disappointed を使います。

直訳すると「売上げが失望させる」のですから、disappointing が正解となります。このタイプの問題はよく出ます。

sales は「人」ではありません。「物」と考えるとわかりやすいです。

似た意味の単語に「discouraging」があり、同じような文脈で使えます。

disappointing の代わりに、discouraging が出ることもあります。一緒に覚えておきましょう。

分詞の中にはすでに形容詞化しているものもあり、disappointing もすでに形容詞化しています。

〈問題文の訳〉

会社はその製品の研究、生産、包装や宣伝に多くの費用をかけましたが、売上げはかんばしくありません。

───**絶対におさえておきたいこのポイント**───

disappointing / disappointed、discouraging / discouraged のように、感情を表す他動詞に、～ing や～ed をつけて分詞になっているものは、主体となる名詞が「物」の場合には現在分詞（～ing）を、主体となる名詞が「人」の場合には過去分詞（～ed）を使う、と覚えておきましょう。

第11問

できたら………○
できなかったら…×

● 次の選択肢の中から正しいものを選びなさい。

He is the engineer ( ) I respect deeply for his continuing effort to improve the factory machines.

Ⓐ who

Ⓑ whom

Ⓒ whose

Ⓓ which

【単語の意味】

respect [rispékt] ……………………………… 尊敬する

〈答え〉 Ⓑ whom

〈解説〉

関係代名詞の問題です。
「He is the engineer.」「I respect the engineer deeply for 〜 .」の2つのセンテンスを関係代名詞を使って1つのセンテンスにしているのです。2つ目のセンテンスの「the engineer」は「respect」の目的語です。ですから、関係代名詞の目的格である、「whom」を選ばなければなりません。Ⓑの whom が正解ということになります。先行詞が人の場合、関係代名詞の「主格が who」「所有格が whose」「目的格が whom」です。先行詞が物や動物の場合には「主格が which」「所有格が whose」「目的格が which」です。忘れている人は覚え直しましょう。
関係代名詞の問題はよく出ます。

〈重要〉

先行詞が人の場合、関係代名詞の目的格は「who」も OK と学校で習っているはずです。しかし、関係代名詞の目的格に「who」を選ぶと TOEIC では不正解になるようです。英語は進化しています。その進化の過程で、どの部分を正解としてとるかですが、「問題を作成しているアメリカの ETS が正しいと判断する英語」が正解となります。

〈問題文の訳〉

彼は工場の機械の改良のためにたゆまぬ努力を続けていることで私が深く尊敬するエンジニアです。

───絶対におさえておきたいこのポイント───

2つのセンテンスを関係代名詞を使って1つのセンテンスにする場合、先行詞が2つ目のセンテンスの目的語になっている時には、関係代名詞の目的格を使います。

第12問

できたら…………○
できなかったら…×

● 次の選択肢の中から正しいものを選びなさい。

Mr. Sato (　　) environmental pollution for thirty years by the time he retires in 2020.

  Ⓐ has researched

  Ⓑ will research

  Ⓒ will have researched

  Ⓓ is researching

【単語の意味】

environmental pollution ……………………環境汚染
retire [ritáiər] ……………………………………退職する

〈2章　絶対におさえておきたいこの問題〉 **87**

〈答え〉 ⓒ will have researched

〈解説〉
未来完了の問題です。
未来完了形は、未来のある時点での動作の完了や継続を表す時に使います。
この英文の場合、未来のある時点を表す表現「by the time he retires in 2020（2020年の引退時までに）」があるので、2020年の引退時までの動作（研究する）の継続を表した英文だということがわかります。ですから英文の形は「will ＋現在完了形」にしなければなりません。

〈問題文の訳〉
佐藤さんは2020年の引退時までに、30年間環境汚染の研究をすることになります。

——————**絶対におさえておきたいこのポイント**——————
未来のある時点を指す表現があれば、「未来完了かな」と考えてください。
未来完了の形は「will ＋現在完了形」です。

第13問

できたら…………○
できなかったら…×

● 次の選択肢の中から正しいものを選びなさい。

Mrs. Jones had been running her small bakery by ( ) for five years but decided to hire an assistant due to increased sales.

(A) hers

(B) herself

(C) she

(D) her

【単語の意味】

run [rʌ́n] ……………………………………運営する、経営する
bakery [béikəri] ……………………………パン屋
hire [háiər] …………………………………雇う

〈2章 絶対におさえておきたいこの問題〉 89

〈答え〉 Ⓑ herself

〈解説〉

代名詞の問題です。

選択肢Ⓐ～Ⓓの語はいずれも代名詞です。空欄が含まれる節を訳してみるとどれが正解かがわかります。

英文の意味を考えれば、「ジョーンズ夫人は小さなパン屋を一人で経営している」という意味にすればいいのだろうと、想像できます。

「by ～ self」で（独力で）という意味になります。

「by ～ self」の～ selfの部分を問う問題（再帰代名詞の問題）はよく出ます。

簡単な問題なので、間違えないようにしましょう。

〈問題文の訳〉

ジョーンズ夫人は小さなパン屋を5年間一人で経営してきましたが、売上げが増加したためアシスタントを雇うことにしました。

――― **絶対におさえておきたいこのポイント** ―――

独力で、という場合には「by ～ self」を使います。「by her」は間違いです。

第14問

できたら………○
できなかったら…×

● 次の選択肢の中から正しいものを選びなさい。

From next year, the government will raise the consumption tax to 8% from 5% to avoid (　　) deficit-covering bonds.

Ⓐ issuing

Ⓑ to issue

Ⓒ issue

Ⓓ being issued

------- 【単語の意味】 -------

raise [réiz] ……………………………… 引き上げる
consumption tax ……………………… 消費税
avoid [əvɔ́id] …………………………… (〜を) 避ける
issue [íʃuː] ……………………………… (〜を) 発行する
deficit-covering bonds ……………… 赤字国債

〈2章 絶対におさえておきたいこの問題〉 91

〈答え〉Ⓐ issuing

〈解説〉
動名詞と不定詞の問題です。
他動詞には、「目的語に動名詞しかとれない他動詞」と、「不定詞しかとれない他動詞」と、「両方ともとれて意味も同じ他動詞」、「両方とれるけれど意味が異なる他動詞」があります。英語を使い慣れていない人は一つずつ覚えていくしかありません。
「avoid」は動名詞しかとれない他動詞です。この種の問題の中では出題頻度の比較的高い動詞は consider です。
動名詞しかとれない他動詞の代表的なものに、
avoid、consider、appreciate、mind、enjoy、miss 等があります。
不定詞しかとれない他動詞の代表的なものに、
expect、allow、encourage、fail、offer、promise、want 等があります。

〈問題文の訳〉
赤字国債の発行を避けるために、政府は来年から、消費税を5パーセントから8パーセントに引き上げるでしょう。

―――絶対におさえておきたいこのポイント―――
他動詞には、目的語に動名詞しかとれないもの、不定詞しかとれないもの、両方ともとれて意味も同じもの、両方ともとれるけれど意味が異なるものとがあります。

第15問

できたら………○
できなかったら…×

● 次の選択肢の中から正しいものを選びなさい。

One in nine of the banking work force ( ) out of work at the end of last January due to the continuing weak economy and mounting non-performing loans.

Ⓐ was

Ⓑ has been

Ⓒ will be

Ⓓ had been

【単語の意味】

work force ……………………………… 労働力（人口）
out of work …………………………… 失業して、仕事のない
mounting [máuntiŋ] …………………… 高まる、増大する
non-performing loans ………………… 不良債権

〈2章 絶対におさえておきたいこの問題〉 93

〈答え〉Ⓐ was

〈解説〉
時制の問題です。
「at the end of January（1月の終わりに）」という、過去の一点を表す表現が使われています。ですから、現在完了形や未来形や過去完了形を使うことはできません。過去形の was が正解です。過去の一点を表す表現は他にもいろいろあります。英文を読む時には気をつけましょう。

〈重要〉
時制の問題は、さまざまな形で頻繁に出題されます。簡単な問題ですが「こんな簡単な問題が出るはずがない」と思い込んでいるため、間違える人もいます。

〈問題文の訳〉
引き続く景気の悪化や増大する不良債権のため、昨年1月末時点で銀行員の9人に1人が失業していました。

───絶対におさえておきたいこのポイント───

「yesterday」や「last year」等、過去の一点を表す表現がある場合、時制を表す表現が文頭や文末にある時は気づきやすいのですが、文中にある場合は見落としがちです。

第16問

できたら……○
できなかったら…×

● 次の選択肢の中から正しいものを選びなさい。

If Japanese banks had withdrawn support from their most troubled borrowers earlier and more aggressively, Japanese companies (　　) in close to record numbers.

Ⓐ would be collapsed

Ⓑ would had collapsed

Ⓒ would collapse

Ⓓ would have collapsed

【単語の意味】

withdraw [wiðdrɔ́:] ……………手を引く、撤退する
borrower [bɔ́rouər] ……………借り手
aggressively [əgrésivli] ………積極的に
collapse [kəlǽps] ………………つぶれる、失敗する、崩壊する
close to ……………………………～に近い、ほとんど～

〈2章　絶対におさえておきたいこの問題〉 **95**

〈答え〉 ⑩ would have collapsed

〈解説〉

仮定法過去完了の問題です。

〈重要〉

仮定法過去完了は、過去の事実に反することを言う場合に使います。形は、条件節（ifの後ろ）は「動詞の過去完了形」、帰結節（コンマの後ろ）は「助動詞の過去形＋現在完了形」です。

主な仮定法には、「仮定法現在」「仮定法過去」「仮定法過去完了」があります。仮定法の中では、仮定法過去完了の問題が最もよく出ます。

TOEIC改変後、仮定法の問題の出題頻度は減っています。

〈問題文の訳〉

日本の銀行が破綻しかけている貸出先企業への支援打ち切りをもう少し早期に、またもう少し積極的に行なっていたら、日本企業の倒産件数はほぼ過去最高になっていたでしょう。

───絶対におさえておきたいこのポイント───

Ifで始まっていたら、「仮定法かな？」と考えます。次に空欄のない方の節を見ます。空欄のない方、つまり条件節は、had withdrawn（動詞の過去完了形）になっています。ということは、「仮定法過去完了」だということです。自動的に、コンマより後ろ（帰結節）の形はわかるはずです。コンマ以下（帰結節）が先にきて、if以下（条件節）が後ろにくる、つまり前後が入れ替わった英文が出ることもありますが、ポイントは同じです。

第17問

●次の選択肢の中から正しいものを選びなさい。

Japanese firms are (　　　　) shifting their manufacturing operations nearer to crucial markets and to countries with lower production costs such as China and Thailand.

Ⓐ aggressive

Ⓑ aggressively

Ⓒ aggress

Ⓓ aggression

【単語の意味】

shift [ʃíft]	移す
manufacturing operation	製造業務
crucial [krúːʃl]	とても重大な
market [máːrkit]	市場
production cost	生産費、生産コスト

〈2章　絶対におさえておきたいこの問題〉 **97**

〈答え〉 Ⓑ aggressively

〈解説〉
品詞（副詞）の問題です。
正解はⒷの aggressively です。
空欄の前後は「are shifting」と現在進行形になっていますが、動詞です。動詞を修飾するのは副詞です。
ですから、副詞の aggressively を選べば正しい英文になります。
副詞は、主に、動詞、形容詞、他の副詞、副詞句、文全体を修飾します。
品詞の問題はパート(5)と(6)を合わせると、毎回 10 問前後出題されます。中でも一番間違えやすいのが、副詞の問題です。
品詞の問題は感覚で解いている人が多いのですが、感覚で解いていると伸びません。品詞問題を全問正解するためには、理論的に考えるくせをつけた方がいいでしょう。

〈問題文の訳〉
日本企業は、生産拠点を重要な市場に近い場所や生産コストの安い中国、タイなどに、積極的に移しています。

——— **絶対におさえておきたいこのポイント** ———
受動態であっても、現在完了形であっても、進行形であっても、「動詞」です。動詞を修飾するのは「副詞」です。
選択肢に似たような単語が並んでいる場合は品詞の問題かもしれない、と考えましょう。品詞の問題であれば空欄の前後をチェックするだけで解けます。

第18問

できたら………○
できなかったら…×

●次の選択肢の中から正しいものを選びなさい。

The most common reason (　　) the failure of corporate mergers is underestimating the difficulty of successful post-merger integration of the different corporate cultures.

Ⓐ to

Ⓑ for

Ⓒ with

Ⓓ at

【単語の意味】

common [kámən] ……………………一般的な、共通の
failure [féiljər] ………………………失敗
merger [mə́:rdʒər] ……………………合併
underestimate [ʌ̀ndəréstəmèit] …過小評価する、軽視する
post [póust] …………………………後の、次の
integration [ìntəgréiʃən] ……………統合

〈2章 絶対におさえておきたいこの問題〉 99

〈答え〉Ⓑ for

〈解説〉
前置詞の問題です。
「〜の理由」という場合には、「reason for 〜」か「reason of 〜」を使います。
「reason to +動詞の原形」だと正解ですが、この英文の場合、空欄の後ろは「the failure」で、動詞ではありません。
前置詞に関する問題は、毎回数問ずつ出題されます。最近はさまざまな使い方が問われるようになりました。
日頃から英文を読むようにし、その中でいろいろな前置詞の使い方を覚えるといいでしょう。

〈問題文の訳〉
企業の合併が失敗する最も一般的な理由は、合併したあとに異なる企業文化をうまく統合する難しさを過小評価することです。

―――― **絶対におさえておきたいこのポイント** ――――

原因、理由を表す前置詞としては、at、for、from、of 等があります。
「〜の理由」という場合は、「reason for 〜」か「reason of 〜」です。
どの表現にどの前置詞を使うかは、一つ一つ覚えていくしかありません。

第19問

●次の選択肢の中から正しいものを選びなさい。

We are faced with decline in production, slow-down in wage increases, ( ) a rise in the unemployment rate.

Ⓐ and

Ⓑ or

Ⓒ but

Ⓓ so

【単語の意味】

face with ･･････････････････････････････ ～に直面する
decline [dikláin] ･･････････････････････････ 減少、下落
production [prədʌ́kʃən] ･･････････････････ 生産、生産量
wage [wéidʒ] ･･････････････････････････････ 賃金
increase [ínkri:s] ･･････････････････････････ 増加、増大
unemployment rate ･･････････････････････ 失業率

〈2章 絶対におさえておきたいこの問題〉 101

〈答え〉Ⓐ and

〈解説〉

接続詞（等位接続詞）の問題です。

この英文の場合、生産高の下落、賃金上昇率の低下、失業率の上昇は並立の関係です。ですから、「and」が正解となります。等位接続詞とは、語、句、節を対等の関係で結びつけるもので、and、or、but 等があります。どれが正解かは、語と語、句と句、節と節の意味上の関係を考えればわかります。パート(5)で接続詞の問題が出題される場合、以前は節と節を結ぶ接続詞の問題が多かったのですが、最近は、語と語、句と句を結ぶ接続詞の問題の出題が増えています。節と節を結ぶ接続詞の問題は全文を読まなければ解けない場合が多く時間がかかりますが、語と語、句と句を結ぶ接続詞の問題の場合、英文の一部を読むだけで解ける場合が多いため、短時間で解くことができます。

〈問題文の訳〉

我々は生産高の落ち込み、賃金の上昇率の減少、失業率の上昇に直面しています。

───**絶対におさえておきたいこのポイント**───

接続詞の問題が出たら、語と語、句と句、節と節の意味上の関係を考えてください。

語と語、句と句を結ぶ接続詞の問題では、and、or、but のような等位接続詞が正解になります。

第20問

●次の選択肢の中から正しいものを選びなさい。

Had I known you were coming to Chicago, I ( ) to the airport to meet you.

Ⓐ would have gone

Ⓑ had gone

Ⓒ went

Ⓓ would go

〈答え〉 Ⓐ would have gone

〈解説〉

仮定法過去完了の問題です。

この英文を書き換えると、「If I had known you 〜 .」になります。

If を省略して倒置されており、If で始まる仮定法とまったく同じ意味になります。

仮定法過去完了ですから、形は、条件節（if の後ろ）は過去完了形、帰結節（コンマの後ろ）は助動詞の過去形＋現在完了形になります。

ということは、would have gone が正解ということです。

仮定法過去完了は、過去の事実に反することを表す場合に使います。

〈問題文の訳〉

あなたがシカゴにくるということを知っていたら、あなたを迎えに空港に行ったのに。

──── **絶対におさえておきたいこのポイント** ────

「Had I known 〜」は、「If I had known 〜」とまったく同じ意味です。つまり、仮定法過去完了だということです。「知らない表現が出た！」とあわてないでください。

落ち着いて考えればできる問題です。

第21問

できたら………○
できなかったら…×

●次の選択肢の中から正しいものを選びなさい。

Neither credit card (　) debit card is accepted at XYZ store and all customers must pay in cash only.

Ⓐ or

Ⓑ but

Ⓒ and

Ⓓ nor

【単語の意味】

debit card ……………………デビットカード、即時決済カード
accept [əksépt] ………………受け入れる、認める

〈答え〉 ⒟ nor

〈解説〉

neither 〜 nor--- の問題です。

中学校で「neither A nor B」は「A も B も〜ない」という意味になると習ったと思います。

「neither A nor B」は B に動詞の形を一致させます。TOEIC には出ませんが、一緒に覚えておきましょう。

〈重要〉

「either A or B（A か B のどちらか）」と「both A and B（A も B も）」も一緒に覚えておきましょう。3 つとも頻繁に出題される問題です。

〈問題文の訳〉

XYZ ストアでは、クレジットカードもデビットカードも使えないので、客は全員、現金でしか払うことができません。

―――― **絶対におさえておきたいこのポイント** ――――

まず、「neither A nor B」「either A or B」「both A and B」の形をしっかり覚えましょう。neither、either、both の部分が空欄になっている場合もあれば、nor、or、and の部分が空欄になっている場合もあります。

第22問

できたら…………○
できなかったら…× ☐☐☐

●次の選択肢の中から正しいものを選びなさい。

The "keiretsu" system used to be viewed as one of Japan's greatest assets, (　) it is now derided as a liability.

Ⓐ or

Ⓑ because

Ⓒ but

Ⓓ despite

【単語の意味】

keiretsu system	系列
view [vjúː]	見なす、考える
asset [ǽset]	資産
deride [diráid]	あざ笑う、ばかにする
liability [làiəbíləti]	障害

〈答え〉 ⓒ but

〈解説〉
接続詞の問題です。
接続詞の問題は、英文を読んで、語と語、句と句、節と節がどのような関係かを考えなければなりません。
この英文の場合、コンマの前までの節（S + V）と、コンマの後の節（文）がどのような関係になっているかを考えればいいわけです。
コンマの前までは、「系列は資産だった」と言っており、コンマの後ろでは、「系列は負債だ」と言っています。
つまり、反対の内容になっています。ということは、接続詞は but が正解です。

〈問題文の訳〉
系列制度は、かつて日本の偉大な資産と見なされていましたが、今は障害としてあざ笑われています。

─────**絶対におさえておきたいこのポイント**─────

節（S + V）と節（S + V）を結ぶ接続詞の問題は、コンマを挟んだ前後の節の意味のつながりを考えなければなりません。ということは全文を読まなければならないということなので、句と句、語と語を結ぶ接続詞の問題に比べ、節と節を結ぶ接続詞の問題は時間がかかります。

第23問

できたら……○
できなかったら…×

● 次の選択肢の中から正しいものを選びなさい。

Some economists believe that the dollar will continue to gain in strength because of the war, ( ) other economists believe that the dollar will weaken because the military budget will be inflated.

(A) as

(B) when

(C) unless

(D) while

【単語の意味】

gain [géin] ……………………………………増す
strength [stréŋkθ] ……………………………強さ
weaken [wíːkn] ………………………………弱くなる
military budget ………………………………軍事予算
inflate [infléit] ………………………………膨らませる、膨らむ

〈2章 絶対におさえておきたいこの問題〉 109

〈答え〉 Ⓓ while

〈解説〉

接続詞の問題です。

この問題は「節と節を結ぶ接続詞」の問題です。

「節と節を結ぶ接続詞の問題」は、全文を読んで、節と節がどのような関係になっているのかを考えなければなりません。

接続詞の while は対照を表す場合の「一方では」という意味でよく使います。

接続詞の whereas とほぼ同じ意味です。この英文でも「一方では」という意味で使われています。

接続詞の while は、TOEIC 改変前には、「〜の間」という意味で出題されることの方が多かったのですが、改変以降は、「一方では」という意味での出題の方が増えています。

接続詞は、節と節、句と句、語と語、を結びます。

節と節を結ぶ接続詞の問題は、全文を読まなければならないので時間がかかります。

パート(5)では最近、語と語、句と句を結ぶ接続詞の問題が増えています。パート(6)で出題される場合は、節と節を結ぶ接続詞の問題が多いです。

〈問題文の訳〉

戦争のためドル高傾向が続くと考えるエコノミストもいれば、一方では軍事予算が増加するのでドル安になると考えるエコノミストもいます。

———— **絶対におさえておきたいこのポイント** ————

接続詞の while には、「〜の間」の他に、対照を表す場合の「一方では」という意味があります。

「一方では」という意味の接続詞「while」は、TOEIC 改変以降出題頻度が増えています。

第24問

できたら……………○
できなかったら…×

● 次の選択肢の中から正しいものを選びなさい。

It is not certain (　　) the bank will approve the large loan application from the airline which is very close to bankruptcy.

(A) whenever

(B) who

(C) whether

(D) whom

【単語の意味】

certain [sə́ːrtn] ……………………… 確かな、確実な
approve [əprúːv] ……………………… 承認する、認可する
loan application ……………………… ローンの申込書
close to ……………………………… ～に近い
bankruptcy [bǽŋkrʌptsi] …………… 倒産

〈2章 絶対におさえておきたいこの問題〉 111

〈答え〉 ⓒ whether

〈解説〉

従位接続詞 whether の問題です。

whether は「〜かどうか」という意味の従位接続詞で、「whether + S + V」で名詞の働きをし、主語や補語や目的語になります。

この英文では「whether + S + V」が補語の働きをしています。

「whether + S + V」の形になっていて、訳してみて「〜かどうか」と訳せたら「whether」を選びましょう。

「従位接続詞 that」も whether と同じような使い方をし、「that + S + V」で（S が V するということ）という意味になり、whether 同様に主語にも、補語にも、目的語にもなります。

従位接続詞 whether と that は使い方が同じなので一緒に覚えるといいでしょう。

whether にせよ that にせよ、普段から英文を読み慣れていれば頻繁に出てくるのでできる問題です。

〈問題文の訳〉

今にも倒産しそうな航空会社からの多額のローン申し込みをその銀行が承認するかどうか確かではありません。

--------絶対におさえておきたいこのポイント--------

whether は「〜かどうか」という意味の従位接続詞で、「whether + S + V」で名詞の働きをし、主語や補語や目的語になります。

さらにスコアアップ！

【時間配分の重要性】

　今の TOEIC は、英語力だけでなく情報処理能力も測るテストになっているため、ある程度の速さと正答率で最後まで解かなければ高得点は出せません。粗く解いてもいいから最後まで解く、を心がけてください。

　そのためには、リーディングセクションの各パートの時間配分が重要になります。

　私が教室で言っている理想的な時間配分は、

パート(5)の短文穴埋め問題に 15 分、

パート(6)の長文穴埋め問題に 6 分、

パート(7)の読解問題に 54 分、

です。パート(7)の読解問題は、「シングルパッセージ」に 34 分（1 題平均 3.5 分）、「ダブルパッセージ」に 20 分（1 題平均 5 分）と考えてください。時々「ダブルパッセージ」に長い英文や複雑な英文が使われていることがありますが、難しい問題だから全問できなくてもいいと先に進むことです。この時間配分で解くように心がけましょう。しかし、英文を丁寧に読んでいては、この時間では解けません。

さらにスコアアップ！

　では、どのようにすればこの時間内に解けるのか。

　パート(5)も(6)もおよそ半分が文法問題で、残り半分が語彙（熟語も含む）問題です。語彙問題はある程度の長さの英文を読まなければ解けない問題が多いため、時間がかかります。一方、文法問題の大半はパターンさえ覚えてしまえば空欄の前後を見るだけでも解ける場合が多いので、パート(5)と(6)の文法問題で時間を短縮できます。そのためには、出題問題に沿った問題を繰り返し練習しなければなりません。

　また、パート(7)の読解問題も丁寧に読んでいては時間内に解くことは不可能です。テスト改変後「ダブルパッセージ」問題が登場し、さらに時間的に厳しくなりました。

　読解問題では、速読力を鍛えることも重要ですが、それにも増して重要なのが、情報がどこにあるのか、重要な部分だけを探す練習を繰り返すことです。それにはスキミングが重要になりますが、情報をとるのが上手になれば英文全文を読まなくても解けるので、時間内に解くという意味では大変重要になります。そのためには日頃から多くの英文を読むことが重要です。

3章

超簡単、ここを見るだけ

TOEICテストでは短時間に1問1問を処理しなければ、時間内に最後までたどりつけません。短時間に解くためには、全文を読まなくていい問題の数を増やすことです。この章では、全文を読まずに英文の一部を見るだけで解ける問題を取り上げています。

第1問

できたら……○
できなかったら…× □□□

●次の選択肢の中から正しいものを選びなさい。

The institutional investor wanted to purchase either government bonds ( ) corporate bonds but not stocks because the market was extremely unstable.

Ⓐ and

Ⓑ nor

Ⓒ or

Ⓓ but

【単語の意味】

institutional investor	機関投資家
purchase [pə́:rtʃəs]	買う、購入する
government bond	国債
corporate bond	社債
stock [stɑ́k]	株、株式
market [mɑ́:rkit]	市場
extremely [ikstrí:mli]	極度に
unstable [ʌnstéibl]	不安定な

〈3章 超簡単、ここを見るだけ〉 **117**

〈答え〉 © or

〈解説〉
either 〜 or…の問題です。
中学校で「either A or B」は「A か B のどちらか」という意味になると習ったと思います。
よく似た使い方に、「neither A nor B（A も B も〜ない）」と「both A and B（A も B も〜）」があります。3つとも頻繁に出題される問題なので一緒に覚えましょう。

〈問題文の訳〉
その機関投資家は国債か社債を買いたいと思いましたが、市場がひどく不安定だったので株は買いたくありませんでした。

―――――― ここを見るだけ ――――――

まず、「either A or B」「neither A nor B」「both A and B」の形をしっかり覚えましょう。either、neither、both の部分が空欄になっている場合もあれば、or、nor、and の部分が空欄になっている場合もあります。例えば、either と neither、or とand のように選択肢にこの3つの表現の一部が2つ以上あれば「あっ、あの問題だ」と気づいてください。気づけば英文を読む必要がないので1秒で解けます。

第2問

できたら……………○
できなかったら…×

● 次の選択肢の中から正しいものを選びなさい。

Before the plastic company decided to merge with a subsidiary of its competitor, much effort was made to (　　) information regarding the subsidiary.

Ⓐ acquire

Ⓑ acquiring

Ⓒ acquires

Ⓓ acquired

【単語の意味】

merge [mə́:rdʒ] ……………………………合併する
subsidiary [səbsídièri] ……………………子会社
competitor [kəmpétətər] …………………競争相手、競合他社
regarding [rigá:rdiŋ] ……………………～に関して

〈3章 超簡単、ここを見るだけ〉

〈答え〉 Ⓐ acquire

〈解説〉
適切な動詞の形を選ぶ問題です。
to には不定詞の to と、前置詞の to があります。
空欄の前の to は「～するために」という意味の不定詞の to ですから、to の後ろは動詞の原形の acquire が入ります。
簡単な問題ですが、頻出問題です。

〈問題文の訳〉
そのプラスチック会社は競争相手の子会社と合併することを決める前に、その子会社に関する情報を入手するために多大な努力をしました。

―――――――――― **ここを見るだけ** ――――――――――
to の後ろが空欄の場合は、「不定詞の to の後ろに動詞の原形がくる」というタイプの問題か、「前置詞の to の後ろは名詞（句）がくる」というタイプの問題かのどちらかです。
「不定詞の to」なのか、「前置詞の to」なのかを見分けなければなりませんが、不定詞の to の問題の方が出題頻度が高いので、まず、不定詞の to ではないかと考えてチェックをすると早いです。

第3問

できたら……………○
できなかったら…×

● 次の選択肢の中から正しいものを選びなさい。

Before ( ) whether the official interest rate should be raised or not, the FRB met with the president and leaders of Wall Street.

(A) deciding

(B) decide

(C) decided

(D) decision

【単語の意味】

official interest rate ……………………公定歩合
raise [réiz] ………………………………引き上げる、上げる
FRB (Federal Reserve Board) ………連邦準備制度理事会
president [prézədənt] …………………大統領

〈3章 超簡単、ここを見るだけ〉 **121**

〈答え〉Ⓐ deciding

〈解説〉

before と after の問題です。

before も after も「前置詞」と「接続詞」両方の働きをするため、その英文でどちらの働きをしているのかを見極めなければなりません。

before も after も、前置詞として使われている場合には後ろは名詞か名詞句、接続詞として使われている場合は後ろは節（S + V）がきます。

この英文では「Before」の後ろに主語がないので、この「Before」は前置詞だとわかります。かつ空欄の後ろ「whether 〜 or not」までが目的語になっています。後ろに目的語がきているので、空欄には、動詞の働きをするもので名詞句をつくるもの、つまり動名詞を入れなければならないということがわかります。

〈注意〉

後ろに目的語がきているのを見ないで、「前置詞の後ろだから名詞」と、decision を選ばないように気をつけましょう。

〈問題文の訳〉

公定歩合を引き上げるべきかどうかを決める前に、FRB は大統領やウォールストリートのリーダーたちと会談しました。

―――――――――― **ここを見るだけ** ――――――――――

before や after が「接続詞」として使われているのか、「前置詞」として使われているのかに注意してください。接続詞として使われている場合には、後ろに節（S + V）が、前置詞として使われている場合には、後ろに名詞（句）がきます。

第4問

できたら……○
できなかったら…× □□□

●次の選択肢の中から正しいものを選びなさい。

The wages of most automakers (　　) since last year because the yen's appreciation has worsened profitability.

Ⓐ have been frozen

Ⓑ are frozen

Ⓒ will be frozen

Ⓓ were frozen

【単語の意味】

wage [wéidʒ] ……………………賃金
automaker [ɔ́:toumèikər]‥自動車メーカー
frozen [fróuzn] ………………**freeze**（凍結する）の過去分詞
yen's appreciation …………円高
worsen [wə́:rsn] ………………さらに悪くする、悪化させる
profitability [prɑ̀fətəbíləti]
　………………………………………収益性

〈3章　超簡単、ここを見るだけ〉 **123**

〈答え〉 Ⓐ have been frozen

〈解説〉
現在完了の問題です。
「~以来ずっと」という意味の、前置詞の「since」が使われています。
「since last year」で「去年からずっと」という意味になりますから、継続を表す現在完了形を使わなければなりません。
現在完了形の場合に一緒に使われる前置詞、
現在完了以外の他の時制の場合に一緒に使われる前置詞、
それぞれを明確にしておきましょう。
最近は since ~ のような単純な表現ではなく、期間を表すさまざまな表現が使われ、英文を読んで期間があるかどうかを判断し、「期間があれば現在完了形」、
なければ他の時制という少し難しめの問題が増えています。

〈問題文の訳〉
円高によって採算が悪化したので、ほとんどの自動車会社は、去年から賃金を凍結しています。

――――――――ここを見るだけ――――――――
since（~以来ずっと）が使われている場合、動詞には現在完了形を選びましょう。

第5問

できたら……○
できなかったら…×

● 次の選択肢の中から正しいものを選びなさい。

The silk company in the small town was the first ( ) the multiple medium-sized enterprises to restructure because of the economic stagnation.

Ⓐ with

Ⓑ among

Ⓒ for

Ⓓ of

【単語の意味】

multiple [mʌ́ltəpl] ……………………………… 多数の、多様な
enterprise [éntərpràiz] ………………………… 企業
restructure [ristrʌ́ktʃər] ……………………… 再編する
economic stagnation …………………………… 景気低迷

〈3章 超簡単、ここを見るだけ〉 125

〈答え〉 Ⓑ among

〈解説〉
前置詞の問題です。
among は「〜の中で」という意味の前置詞です。
「多数の中規模企業の中で最初」と言いたいわけですから、「〜の中で」という意味の前置詞、「among」が正解となります。
空欄の後ろのthe multiple medium-sized enterprises が enterprises という複数名詞となっているので、それが大きなヒントになります。
選択肢に among があって、かつ空欄の後ろに複数名詞があれば、正解は among ではないだろうか、とあたりをつけましょう。全文を読まなくても解ける問題です。

〈問題文の訳〉
景気低迷のため再編すべき多数の中規模企業の中で、小都市にあるその絹会社がまず最初のものです。

―――――― **ここを見るだけ** ――――――

among は「〜の中で」という意味の前置詞で、後ろには複数名詞がきます。
選択肢に among があれば、まず空欄の後ろに複数名詞がないかどうかチェックしましょう。

第6問

できたら…………○
できなかったら…×

● 次の選択肢の中から正しいものを選びなさい。

The fear of losing their jobs is great for the older generation ( ) most of a salaried man's income comes later in his working life under the Japanese seniority system.

(A) though

(B) because

(C) due to

(D) owing

【単語の意味】

fear [fíər] ……………………………………心配、懸念
older generation ………………………………高齢者層
income [ínkʌm] …………………………………所得、収入
seniority system …………………………………年功序列制度

〈答え〉 Ⓑ because

〈解説〉

接続詞の問題です。

「～だから」「～なので」という英文にすれば意味が通ります。

空欄の後ろを見ると節（S + V）になっています。ということは「because」を入れればいいということになります。

空欄の後ろが節なのでⒸの due to やⒹの owing は使えません。また、全体の意味を考えるとⒶの though は反対の意味になってしまうため使えません。

〈注意〉

「since」や「as」は、「because」と同じ意味なので、接続詞 since、because、as が選択肢として一つの問題に一緒に出ることはありません。

〈問題文の訳〉

日本の年功序列制度のもとでは、サラリーマンの所得の大半はサラリーマン生活の後半で入ってくるので、仕事を失う怖れは高年齢層の人々にとっては大きいです。

———————— **ここを見るだけ** ————————

「なぜなら」、「～のおかげで」という意味の英文にしたい場合、後ろが節なのか、名詞（句）なのかを最初に見ます。
後ろが節の場合は「because」「since」「as」、後ろが名詞（句）の場合には「because of」「due to」「thanks to」のいずれかが正解になります。

第7問

できたら…………○
できなかったら…×

● 次の選択肢の中から正しいものを選びなさい。

Suggestions (   ) production schedule, labor assignment, and equipment orders should be made to section chiefs before the end of the month.

Ⓐ include

Ⓑ included

Ⓒ inclusion

Ⓓ including

【単語の意味】

suggestion [səgdʒéstʃən] ……………提案
production schedule ……………生産計画
assignment [əsáinmənt] ……………割り当て
equipment [ikwípmənt] ……………備品、機材、機器

〈3章 超簡単、ここを見るだけ〉 **129**

〈答え〉 Ⓓ including

〈解説〉

including と included の問題です。

Ⓑの included と、Ⓓの including の間で迷った方が多いのではないでしょうか。

基本的には分詞の問題ですが、出題形式が決まっているので形をそのまま覚えましょう。

(1)名詞, including A, B and C だと、「A, B, C を含む名詞」という意味になります。

（A, B and C の部分が単語一語の場合もあります）

(2)名詞 included in A だと、「A に含まれる名詞」という意味になります。

この問題の英文は上の(1)のパターンだとわかります。ですから、including が正解となります。

この英文は、「生産計画、労働の割り当て、機材の注文を含む提案は〜」と言いたいわけですから、including を選べば英文の意味が通じます。

〈問題文の訳〉

生産計画、労働の割り当て、機材の注文を含む提案は、月末になる前に課長に出さなければなりません。

ここを見るだけ

時々出る including/included 関連の問題は、基本的には分詞の問題ですが、including が入るのか included が入るのかは、空欄前後の形を見ればすぐにわかります。空欄の後ろに前置詞の in がなく、名詞（句）が並列に並んでいたり、複数名詞があれば including が正解です。

130

第8問

できたら………○
できなかったら…×

●次の選択肢の中から正しいものを選びなさい。

The US deputy treasury secretary warned the prime minister that trade friction might re-emerge (　　) Japan made more concerted efforts to stimulate its domestic economy.

Ⓐ without

Ⓑ unless

Ⓒ because

Ⓓ if

【単語の意味】

deputy [dépjəti] ……………………………副〜、代理の
treasury secretary ……………………………財務長官
warn [wɔ́ːrn] ……………………………警告する
prime minister ……………………………首相、内閣総理大臣
trade friction ……………………………貿易摩擦
re-emerge ……………………………再浮上する
concerted [kənsə́ːrtəd] ……………………………協調した、共同の
stimulate [stímjəlèit] ……………………………刺激する
domestic economy ……………………………国内経済

〈3章 超簡単、ここを見るだけ〉 131

〈答え〉 Ⓑ unless

〈解説〉

接続詞 unless の問題です。

「trade friction 以下」と「Japan 以下」で、相反する内容になっています。ですから、Ⓒの because とⒹの if は正答候補からはずれます。ということはⒶの without かⒷの unless のどちらかが正解ということになります。

「unless」は「= if not (もし～でなければ)」という意味です。「without」は「～でなければ」で、同様の意味ですが、後ろに節がくる場合は「unless」、後ろに名詞（句）がくる場合は「without」を使います。この英文の場合、空欄の後ろが節（S + V）になっています。ということは unless が正解だということです。

TOEIC 改変以降は、選択肢に unless と without が一緒に並ぶことが少なくなっています。この問題の選択肢のように、同じ意味の接続詞と前置詞が一緒に並ぶのではなく、まったく異なる意味の接続詞や前置詞が並ぶような問題が増えています。

〈問題文の訳〉

日本が国内景気を刺激するためのさらなる協調努力をしなければ、貿易摩擦が再燃するかもしれない、と米国財務副長官は首相に警告しました。

──────── **ここを見るだけ** ────────

「～でなければ」という意味の英文にしたい場合、後ろが節なのか、名詞（句）なのかを最初に見ます。後ろが節の場合は「unless」、後ろが名詞（句）の場合は「without」を選びます。

第9問

できたら……○
できなかったら…×

●次の選択肢の中から正しいものを選びなさい。

The Japanese automobile industry is as ( ) at global competition as the American.

Ⓐ tougher

Ⓑ tough

Ⓒ toughest

Ⓓ toughing

【単語の意味】

automobile [ɔ́:təmoubì:l] ……………………自動車
industry [índəstri] ………………………産業、工業
global competition ……………………国際競争

〈答え〉 Ⓑ tough

〈解説〉

as 〜 as（比較）の問題です。

「as +形容詞／副詞の原級 + as」で、「—は…と同じくらい〜」という意味になります。

空欄の後ろの at global competition を挿入と考えると、問題のポイントがはっきりし、この英文が「as 〜 as」の構文だと簡単にわかります。

〜の部分には、形容詞も副詞も入るので、どちらが入るかは動詞を見て判断します。

be 動詞の場合には形容詞が入り、一般動詞の場合には副詞が入ります。ここの選択肢には副詞がないので、as 〜 as の構文だとわかった時点で、Ⓑの tough が正解だとわかります。

〈参考〉

as の前に「just」や「almost」等の副詞がくることがあります。また「twice」や「three times」等がくると倍数を表します。

〈問題文の訳〉

日本の自動車産業は、国際競争においてアメリカの自動車産業と同じくらい強いです。

―――――――― ここを見るだけ ――――――――

比較の「as 〜 as の問題」だとわかったら、すぐに動詞を見ましょう。動詞が be 動詞であれば形容詞を、一般動詞であれば副詞を入れます。全文を読む必要がないので、1 秒で解けます。

第10問

できたら……○
できなかったら…×

●次の選択肢の中から正しいものを選びなさい。

( ) the government wants to recommend in the report is to develop national economic policies to promote free competitive enterprise.

Ⓐ Where

Ⓑ What

Ⓒ Which

Ⓓ As

【単語の意味】

recommend [rèkəménd] ……………勧める、推薦する
develop [divéləp] …………………構築する、開発する
economic policy ……………………経済政策
promote [prəmóut] ………………促進する
competitive [kəmpétətiv] …………競争の、競争力のある
enterprise [éntərpràiz] ……………事業、企業

〈3章 超簡単、ここを見るだけ〉 135

〈答え〉Ⓑ What

〈解説〉

関係代名詞の問題です。

この英文の場合、先行詞がありません。ですから先行詞を含む関係代名詞の「what」が正解となります。関係代名詞の「what」は「who」や「which」と違い、先行詞を含み、「the thing(s) which」に置き換えられます。「what」に導かれる節は、文の主語、補語、目的語となりますが、この場合は主語になっています。

主語の部分だけ「the thing which」を使って書き換えると、

The thing which the government wants to recommend in the report (そのレポートで政府が勧めたいことは) となり、意味が通じます。

〈問題文の訳〉

そのレポートで政府が勧めたいのは、企業活動の自由競争を促進するような国の経済政策を構築することです。

―――― **ここを見るだけ** ――――

このような問題を解く場合は、先行詞があるかないかがヒントになります。

また、「the thing(s) which」に書き換えられるかどうかで判断するという手もあります。

第11問

●次の選択肢の中から正しいものを選びなさい。

The "tankan" survey published by the Bank of Japan, is one of the most closely watched (　　) of Japanese economic conditions.

Ⓐ indication

Ⓑ indicate

Ⓒ indications

Ⓓ indicating

【単語の意味】

The tankan survey ……日銀短観
the Bank of Japan ……日本銀行
closely watched ……厳重に監視されている、注目をあびている
indication [ìndikéiʃən] ……指標、指示、印
economic conditions ……景気、経済状態

〈3章 超簡単、ここを見るだけ〉 137

〈答え〉 Ⓒ indications

〈解説〉
one of ＋ the ＋最上級の形容詞＋名詞の複数形の問題です。
「最も…の中の一つ」という場合は、「one of ＋ the ＋最上級の形の形容詞＋名詞の複数形」になります。
ですから、この英文も、「indication」ではなく複数形の「indications」を使わなくてはいけません。名詞を複数形にすることを忘れないようにしましょう。
形容詞の最上級の部分がない、「one of ＋名詞の複数形」も過去には出題されたことがあります。
形容詞の最上級の部分がないと、間違える人が多くなりますが、同様に名詞は複数形を使います。
one of ＋ the ＋最上級の形容詞＋名詞の複数形の問題は、TOEIC 改変以降出題頻度が少し減っています。

〈問題文の訳〉
日銀が出している日銀短観は、日本の経済情勢を表した、最も注目されている指標の一つです。

────────── ここを見るだけ ──────────
「one of ＋ the ＋最上級の形の形容詞」の形の英文が出たら後ろには名詞の複数形が続く、と覚えておきましょう。
英文を読む必要はなく 1 秒で解けます。

第12問

できたら……○
できなかったら…×

● 次の選択肢の中から正しいものを選びなさい。

The price for the condominium in an excellent location was (　　) high that I decided against making the purchase.

Ⓐ such

Ⓑ very

Ⓒ more

Ⓓ so

【単語の意味】

condominium [kàndəmíniəm]
……………………………コンドミニアム、分譲マンション
location [loukéiʃən] ………場所、位置
make a purchase …………購入する

〈3章　超簡単、ここを見るだけ〉 139

〈答え〉 ⓓ so

〈解説〉

so ～ that…/such ～ that…の問題です。
選択肢に、so と such の両方があれば、so ～ that…/such ～ that…の問題ではないかと考えましょう。
「so ～ that…」、「such ～ that…」(とても～なので…) の構文であれば、空欄直後を見るだけで解けます。空欄直後が形容詞か副詞であれば so を、名詞(句)であれば such を入れればいいのです。見る箇所が決まっているので、1秒で解けます。
ちなみに、「so ～ that…」の so の後ろに形容詞がくるのか副詞がくるのかは動詞を見て決めます。be 動詞であれば形容詞を、一般動詞であれば副詞を入れます。
この英文は、空欄直後が形容詞の high になっています。ですから、
「とても～なので…」と言いたい場合には、形容詞の前には so を使います。
出題頻度は低いですが、「so ～ that…」、「such ～ that…」の接続詞の that を入れる問題が出ることもあります。

〈問題文の訳〉

立地条件の良いそのマンションの価格は大変高かったので、私は購入しないことにしました。

―――――――――**ここを見るだけ**―――――――――

選択肢に、so と such の両方があれば、so ～ that…/such ～ that…の問題ではないかと考えましょう。「so ～ that…」、「such ～ that…」の構文であれば、空欄の直後を見るだけで解けます。空欄直後が形容詞か副詞であれば so を、名詞(句)であれば such を使います。

第13問

できたら……………○
できなかったら…×

● 次の選択肢の中から正しいものを選びなさい。

The number of corporate bankruptcies in the first quarter of this year was (　　) in total than we had expected.

Ⓐ high

Ⓑ higher

Ⓒ as high

Ⓓ highest

【単語の意味】

the number of ~ ……………………… ~の数
bankruptcy [bǽŋkrʌptsi] ……………… 倒産、破産
the first quarter ……………………… 第1四半期
expect [ikspékt] ……………………… 予想する、予期する

〈3章　超簡単、ここを見るだけ〉 141

〈答え〉 Ⓑ higher

〈解説〉

比較級の問題です。
正解はⒷ higher です。
空欄のすぐ後ろに「than」があればすぐに「比較級の問題だ」と気づくのですが、間違わせようとわざと、than の位置を少し離し、間に数語挿入している場合が多いです。
この問題も空欄の少し後ろに than があります。TOEIC は時間のない中で解くためきちんと後ろまで見ない人が多く、簡単ですが間違えやすい問題です。
選択肢にⒷのように比較の形があれば、少し離れた場所に「than」がないかどうかチェックしましょう。
主な比較構文は、
(a) 比較級 + than
(b) less + 原級 + than
(c) as ～ as (「as + (形容詞 / 副詞の) 原級 + as」)
の3つですが、TOEIC に出るのは(a)と(c)です。
この問題で取り上げた構文は(a)の、比較級 + than で、問題自体は簡単ですが「than」の位置を少し離している場合が多いので、必ず少し後ろまでチェックしましょう。

〈問題文の訳〉

今年の第1四半期の倒産数は全体で予想より多かったです。

―――――ここを見るだけ―――――

選択肢を見て比較級の問題っぽい、と思ったら、「比較級 + than」「as ～ as」どちらかの構文ではないかと考え、空欄の前後を素早くチェックしましょう。「比較級 + than」であれば、空欄の直後か少し後ろに than がないかどうかチェックすればいいだけなので、全文を読まなくても解けます。

第14問

● 次の選択肢の中から正しいものを選びなさい。

The political party could not decide whether it should concentrate its efforts on a few large ( ) a few small towns.

Ⓐ or

Ⓑ but

Ⓒ both

Ⓓ neither

【単語の意味】

political party ……………………………政党
concentrate [kánsəntrèit] ……………集中させる、集中する
effort [éfərt] ……………………………………努力、尽力

〈答え〉Ⓐ or

〈解説〉

whether A or B の問題です。
「whether A or B」という用法の問題です。whether は「whether A or B（A かまたは B か）」や「whether A or not（A かどうか）」という形で、or とともに使われることが多いので、whether があれば、or が続くかもしれないと考えましょう。この文では、「A かまたは B か」という意味になっており、whether 以下は decide の目的語になっています。

〈参考〉

この形のほかに、「whether + S + V」の形の問題もよく出ます。
その場合は「whether + S（主語）＋ V（動詞）」の形で、「S が V するかどうか」という意味になります。

〈問題文の訳〉

その政党は、少数の大都市の政治に努力を集中すべきか、少数の小都市の政治に努力を集中すべきかが決められませんでした。

ここを見るだけ

whether が文中にあって、少し離れて後ろに空欄があれば「or」が入るのではないか、と想像しましょう。「whether A or B」という用法を問う問題は頻出問題ではありませんが、忘れた頃に出る問題です。

第15問

できたら…………○
できなかったら…×

● 次の選択肢の中から正しいものを選びなさい。

(　　　) takes over the new position of CEO will have much difficulty in turning the declining company around.

- (A) Who
- (B) Whom
- (C) Whose
- (D) Whoever

【単語の意味】

take over …………引き継ぐ、後任になる
position [pəzíʃən]
　……………………ポジション、地位
CEO ………………最高経営責任者 (chief executive officer)
turn around ……立て直す

〈3章　超簡単、ここを見るだけ〉 145

〈答え〉 ⓓ Whoever

〈解説〉

複合関係代名詞の問題です。
この英文には先行詞がないので、whoever 以外は選べません。
whoever は「〜する人は誰でも」という意味の複合関係代名詞です。
whoever は「anyone who」に書き換えることができます。
答えが who なのか、whoever なのかで迷った人が多いと思いますが、迷った場合は先行詞があるかどうかで判断をするといいです。関係代名詞の主格の who は、先行詞がある場合にしか使えません。疑問詞としての who もここでは使えません。
whoever は「anyone who」と同じですから、anyone という先行詞が含まれていることになり、先行詞がない場合にしか使えません。

〈問題文の訳〉

誰が新しい最高経営責任者のポジションを引き継ごうと、経営が悪化しているその会社を立て直すのは大変難しいでしょう。

──────ここを見るだけ──────

whoever は関係代名詞の what の使い方と似ていて、先行詞があるかないかが大きなヒントになります。選択肢に whoever があれば、空欄の前に先行詞があるかどうかを先にチェックしましょう。
先行詞がなければ whoever を入れてみて英文の意味が通るかどうか考えましょう。
また、「anyone who」に書き換えられるかどうかで判断することもできます。

さらにスコアアップ！

【長文読解で高得点を取るために】

　新 TOEIC に移行し困っている人が多いのが、パート(7)の長文読解問題です。従来のシングルパッセージ問題（1つの文書問題）にダブルパッセージ問題（2つの文書問題）が新しく加わったことで、読まなければならない英文の量が増えました。

　TOEIC 改変時の説明会で、ETS（TOEIC を作成しているテスト開発機関）の担当者が、「読解力を試すだけではなく、情報処理能力も測るテストにもします」と言ったとおり、少しややこしい「表問題」なども出題されるようになり、短時間に必要な情報を読み取る力がなければ時間内に最後までたどりつくのは厳しくなっています。改変後の TOEIC では、読解力の測定に加え、英語というツールを使った情報処理能力テストの側面が加わっています。

　読解力を向上させるには、普段から一定量の英文を読む習慣を身につけなければなりません。単にスピードを上げて読むだけでなく、情報のありかを素早く見つけ、重要な箇所とそうでない箇所を見分けて読む、スキミングの練習

さらにスコアアップ！

も大事です。

　改変後の TOEIC でリーディングセクションの点数を上げるためには、パート(7)の長文読解問題で点数をとらなければなりません。そのためには、ビジネス関連の英文を毎日一定量読むこと、少し長めの長文読解問題を使って若干厳しめの時間を設定し、その時間内に解く練習を繰り返すことです。

　また、パート(5)、パート(6)での出題問題の半分は語彙問題ですが、2〜3年前に比べると、ビジネスで頻繁に使う語彙にシフトしています。日頃からビジネス関連の英文を読むようにすれば、読解力が鍛えられるだけでなく語彙問題にも対処できるようになります。

　加えて、今の TOEIC のリスニングセクションの要であるパート(3)と(4)で高得点をとるためには、設問文と選択肢の先読みが必須で、読解力を上げなければパート(3)と(4)の正答率のアップは難しくなっています。

　今のテストでは、750点くらいまではリスニングセクションが取れるようになれば容易に点数は伸びます。しかし、それ以上は読解力と語彙力がものを言うと思います。

4章

さらに得点UPを目指す問題

高得点を出そうと思うと、「時々あるいは稀(まれ)にしか出ない、しかし出る可能性はある問題」を学習する必要があります。出ないかもしれない問題なので時間がない方はパスをしていいかもしれませんが、1問でも多く取りたい方はきちんと理解しておいていただきたいという問題を、この章では取り上げています。

第1問

できたら…………○
できなかったら…×

● 次の選択肢の中から正しいものを選びなさい。

Undergo an operation ( ) tomorrow or there will be serious consequences.

(A) by

(B) until

(C) on

(D) after

【単語の意味】

undergo an operation ……………………………手術を受ける
serious [síəriəs] ……………………………………深刻な、重大な
consequence [kánsəkwèns] ………………………結果

〈4章 さらに得点 UP を目指す問題〉 **151**

〈答え〉Ⓐ by

〈解説〉

by と until の問題です。

by は「〜までに」という意味で、until は「〜までずっと」という意味になり継続を表します。間違う人、勘違いしている人が多いのは、「by」と「until」の区別です。ここでしっかりと覚えておきましょう。

ちなみに、「on」は特定の日にちとか曜日に使いますが、tomorrow や yesterday などには使えません。after では英文の意味が通りません。

〈問題文の訳〉

明日までに手術をしなさい、さもないと、重大な結果になります。

────さらに得点 UP を目指すためのポイント────

「by」と「until」の違いを覚えてください。「by」は「〜までに」という意味で期限を表し、「until」は「〜までずっと」という意味で継続を表します。

第2問

できたら………○
できなかったら…×

● 次の選択肢の中から正しいものを選びなさい。

Participating in the Olympic Games is (　) more important than winning.

Ⓐ ever

Ⓑ further

Ⓒ much

Ⓓ like

【単語の意味】

participate [pɑːrtísəpèit] ……………………参加する

〈答え〉 ⓒ much

〈解説〉

比較級の強調の問題です。

比較級を強調する場合、比較級の前に、「much」や「far」をつけます。ですから、ⓒの much が正答となります。

最近は、far より much の方が出題頻度が高いです。

ちなみに、最上級を強調する場合には、「ever」や「yet」や「by far」等を用いますが、最上級の強調は出ていません。

この文章は有名な言葉なので、皆さんご存じかと思います。

〈問題文の訳〉

オリンピックゲームに参加することは、勝つことよりもはるかに重要です。

───**さらに得点 UP を目指すためのポイント**───

比較級を強調する場合は、「much」や「far」を比較級の前につけます。

第3問

できたら……○
できなかったら…×

● 次の選択肢の中から正しいものを選びなさい。

The increase (　　) industrial production from June to July was widespread.

(A) of

(B) for

(C) in

(D) with

【単語の意味】

industrial [indʌ́striəl] ……………………… 工業の、産業の
production [prədʌ́kʃən] ……………………… 生産、生産量
widespread [wáidspréd] ……………………… 広範囲に及ぶ

〈答え〉 ⓒ in

〈解説〉
前置詞の問題です。
前置詞の問題はパート(5)とパート(6)を合わせると、毎回3～5問の出題があります。
「～の増加」、「～の増大」という意味で「increase」を名詞として使う場合は、「increase in」になります。日頃、ビジネスで英語を使っている方にとっては頻繁に接している言い回しではないかと思います。
どの単語にどの前置詞を使うかは、一つずつ覚えていかなければなりませんが、日頃からビジネス系の英文を読むようにし、よく目にする前置詞を覚えるといいと思います。

〈問題文の訳〉
6月から7月にかけての工業生産の伸びは、広い範囲に及んでいました。

──さらに得点 UP を目指すためのポイント──
「～の増加」、「～の増大」という意味で「increase」を名詞として使う場合は、「increase in」となります。

第4問

できたら……○
できなかったら…×

● 次の選択肢の中から正しいものを選びなさい。

In order to win a place in a highly competitive market, it is necessary to simplify the (　　) channel.

Ⓐ distribution

Ⓑ distributing

Ⓒ distributed

Ⓓ distribute

【単語の意味】

win a place ……………………勝ち残る
competitive [kəmpétətiv]
……………………………競争の（激しい）、競争力のある
market [máːrkit] ……………市場
simplify [símpləfài] …………単純にする、簡略化する
channel [tʃǽnl] ………………経路

〈4章 さらに得点 UP を目指す問題〉157

〈答え〉Ⓐ distribution

〈解説〉
複合名詞の問題です。
2語以上が重なって、1つの名詞として働くものを「複合名詞」と言います。TOEICに出題されるとすると、この問題のように2語（3語とか4語ではなく）が重なって、1つの名詞になっているものが大半です。出題される可能性が高いのは、頻繁に使われている、複合名詞です。流通経路は、「distribution channel」と言います。マーケティング関連でよく使うので、ご存じの方も多いのではないでしょうか。

〈重要〉
複合名詞の問題にしても、最近出題数の多い語彙問題にしても、日頃からビジネス系の英文を読んでいると出てくる表現や単語が大半なので、短い読み物でかまわないのでビジネス系の英文を読むようにするといいでしょう。

〈問題文の訳〉
競争が厳しい市場で勝ち残るには、流通経路の簡素化が必要です。

───さらに得点 UP を目指すためのポイント───
2語以上が重なって、1つの名詞として働くものを「複合名詞」と言います。頻繁に使われている複合名詞を覚えましょう。

第5問

できたら…………○
できなかったら…×

●次の選択肢の中から正しいものを選びなさい。

( ) the company had to transfer 500 employees to affiliated companies was a difficult decision.

(A) Because

(B) Which

(C) That

(D) If

【単語の意味】

transfer [trænsfə́ːr]
　　　　……移動させる、転勤させる、(電話を) 転送する
employee [emplɔ́ii:]
　　　　……従業員
affiliated company
　　　　……関連会社

〈4章　さらに得点 UP を目指す問題〉 **159**

〈答え〉 ⓒ That

〈解説〉

従位接続詞 that の問題です。

that を文頭に置いた that 節（that + S + V）は名詞の働きをし、主語、補語、目的語となります。この英文では主語となっています。

(that + S + V) is 〜 . で、「S が V することは〜です」という意味になります。

この英文でも、that 節が文頭にきて、主語として使われています。

少し難しいかもしれませんが、英語を使い慣れている人や読み慣れている人は、知っている表現です。時々出題されます。

〈問題文の訳〉

会社が 500 名の従業員を関連会社に異動させなければならなかったことは、難しい決断でした。

―――さらに得点 UP を目指すためのポイント―――

that を文頭に置いた that 節（that + S + V）は「S が V すること」という意味になり、主語、補語、目的語として使われます。

似たような使い方をする従位接続詞に whether があり、「whether + S + V（S が V するかどうか）」で主語、補語、目的語になります。

第6問

できたら………○
できなかったら…×

●次の選択肢の中から正しいものを選びなさい。

When factory shipments (　), shipments at the wholesale level will increase.

Ⓐ will increase

Ⓑ increase

Ⓒ are increasing

Ⓓ will be increasing

【単語の意味】

factory [fǽktəri] ……………………………… 工場
shipment [ʃípmənt] ……………………… 出荷、発送、輸送
wholesale [hóulsèil] ……………………… 卸売りの、卸売り

〈4章　さらに得点 UP を目指す問題〉 161

〈答え〉 Ⓑ increase

〈解説〉
時制（when）の問題です。

〈重要〉
時や条件を表す副詞節では、未来のことも現在形で表します。
具体的には、if、when、while、before、after、until、as soon as のような接続詞等に導かれる時や条件を示す副詞節です。
これらの接続詞を覚えておきましょう。
この問題の場合、接続詞の when が使われているので、動詞は現在形の increase が正解となります。

〈問題文の訳〉
工場出荷が増えれば、卸売り段階での出荷が増えます。

――― さらに得点 UP を目指すためのポイント ―――
時や条件を表す副詞節では、未来のことも現在形で表します。その代表的な接続詞が「when」です。TOEIC 的には、「when」と「as soon as」（～するとすぐに）はおさえておかなければなりません。

第7問

できたら……○
できなかったら…×

● 次の選択肢の中から正しいものを選びなさい。

( ) the mission of regional banks is to foster the growth of local smaller businesses, they are increasingly reluctant to extend loans to them due to the fear of increasing non-performing loans.

Ⓐ Since

Ⓑ Although

Ⓒ Unless

Ⓓ Until

【単語の意味】

mission [míʃən] ……………………使命
regional bank …………………………地方銀行
foster [fástər] …………………………育成する、促進する
growth [gróuθ] ………………………成長、発展
reluctant [rilʌ́ktənt] …………………気がのらない、渋っている
extend loans …………………………融資を継続する
due to ……………………………………〜のおかげで、〜のせいで
fear [fíər] ………………………………不安、懸念
non-performing loan ………………不良債権

〈4章 さらに得点 UP を目指す問題〉 **163**

〈答え〉 Ⓑ Although

〈解説〉

接続詞の問題です。

空欄の後ろが節なので、空欄に入るのは接続詞だとわかります。

選択肢はすべて接続詞です。ということは、それぞれの節がどのような関係でつながっているのかを見極めなければなりません。

Ⓐの Since だと「～なので」という意味になるので英文の意味が通りません。Ⓒの Unless は「～でなければ」で、Ⓓの Until は「～する時まで」という意味なので、この英文では使えません。

接続詞の Although であれば「～だけれど、～にもかかわらず」という意味なので、この英文の意味が通ります。ですからⒷが正解です。

選択肢に「although/though」「despite/in spite of」が並んでいると、同じような意味の接続詞と前置詞なので、空欄の後ろの形を見るだけで解けますが、最近はこの問題のように、バラバラな意味の接続詞が、あるいは接続詞と前置詞が並ぶような問題が増えています。そのような問題では正解を見つけるのに少し時間がかかります。

〈問題文の訳〉

地銀の役割は地方の中小企業の発展を促進することですが、増大する不良債権への懸念から中小企業への貸し渋りがますます拡大しています。

―――**さらに得点 UP を目指すためのポイント**―――

「～にもかかわらず」という内容の英文にしたい場合、接続詞の although、though や、even though を選びます。

第8問

できたら……○
できなかったら…×

● 次の選択肢の中から正しいものを選びなさい。

Companies that are 50 % or more owned by a parent company are classified (　) subsidiaries, while companies that are 20-50 % owned by a parent company are considered to be affiliated companies.

Ⓐ in

Ⓑ to

Ⓒ with

Ⓓ as

【単語の意味】

own [óun] ……………………………………所有する
parent company ………………………………親会社
classify [klǽsəfài] ……………………………分類する
subsidiary [səbsídièri] ………………………子会社
consider [kənsídər] …………………………〜とみなす
affiliated company ……………………………関連会社

〈4章　さらに得点 UP を目指す問題〉 165

〈答え〉Ⓓ as

〈解説〉
前置詞の問題です。
be classified as で「~に分類されている」という意味になり、よく使われる表現です。
前置詞としての as には、いろいろな意味がありますが、その一つに「~として」という意味があり、この英文でも「~として」という意味で使われていて、直訳すると「~として分類されている」です。
続く文章に、considered to ~ という表現があるので、間違って to を選ぶ人もいるのではないでしょうか。
パート(5)と(6)を合わせると、前置詞の問題は毎回3~5問出題されます。さまざまな前置詞の使い方が問われるので、日頃から英文を読むようにし、その中で覚えるといいでしょう。

〈問題文の訳〉
親会社の出資比率が50パーセント以上の会社が子会社で、親会社の出資比率が20パーセント~50パーセントの会社が関連会社とされています。

―――さらに得点 UP を目指すためのポイント―――
「~として」という場合には、前置詞の as を使います。be classified as ~ で、「~に分類されている」という意味になります。

第9問

できたら……………○
できなかったら…×

●次の選択肢の中から正しいものを選びなさい。

(　　) the prime minister is in the United States, he will discuss the North-Korean problem with the president.

(A) While

(B) During

(C) In

(D) Although

【単語の意味】

prime minister ……………………………………首相、総理大臣
president [prézədənt] ……………………………大統領

〈4章　さらに得点 UP を目指す問題〉 **167**

〈答え〉 Ⓐ While

〈解説〉

while と during の問題です。

while も during も「〜の間に」という意味ですが、during は前置詞なので後ろが名詞（句）の場合に使います。while は接続詞なので後ろが節（S + V）の場合に使います。この英文の場合、空欄の後ろが節（S + V）になっています。ですからⒶの While を入れれば正しい英文になります。

最近は、選択肢に、while と during が並んでいない問題も増えてきました。選択肢にバラバラな意味の前置詞と接続詞が並ぶような問題が増えています。そのような問題では、先に前置詞を入れるのか接続詞を入れるのかを判断し、次に意味を考えて決めなければならないため、正解を見つけるまでに少し時間がかかります。

〈問題文の訳〉

首相は合衆国にいる間に、大統領と北朝鮮問題を話し合うでしょう。

―――さらに得点 UP を目指すためのポイント―――

先に選択肢を見ます。選択肢に、while と during の両方があれば、「あっ、while と during の問題だ！」と気づいてください。気づいたら、後ろの形を見て、節であれば「while」、名詞（句）であれば「during」を入れます。

第10問

できたら…………○
できなかったら…×

● 次の選択肢の中から正しいものを選びなさい。

Inflation in the European Union remained (　　) at three percent in April compared with a year earlier.

Ⓐ steadily

Ⓑ steady

Ⓒ steading

Ⓓ stead

【単語の意味】

remain [riméin] ……………………引き続き～のままである
compared with ～ ………………～と比べると
a year earlier ……………………前年

〈4章 さらに得点 UP を目指す問題〉 **169**

〈答え〉 Ⓑ steady

〈解説〉

第2文型の動詞 (remain) の問題です。

正解はⒷの steady です。

「remain」のように第2文型を作る動詞は be 動詞と同じ性質を持ち、「remain + 補語」の形で使うことができます。意味は「〜のままである」となります。remain の後ろの補語の部分には形容詞が入る場合が多いです。ですから選択肢の中から形容詞「steady」を選べば正解となります。

第2文型を作る動詞は他にも become、grow、seem などいろいろありますが、他の動詞に比べると TOEIC には remain がよく出ます。

remain を be 動詞に置き換えて考えてみると、簡単に正答にたどりつけます。

〈問題文の訳〉

4月には、EU のインフレは前年同月比3パーセントで安定的に推移しました。

———さらに得点 UP を目指すためのポイント———

remain、become、grow、seem などの第2文型を作る動詞は、be 動詞と同じ性質を持ち、後ろに形容詞がくることが多いです。第2文型を作る動詞を be 動詞に置き換えてみるとわかりやすいです。

第11問

できたら……○
できなかったら…×

● 次の選択肢の中から正しいものを選びなさい。

Several economists have suggested that the government (　　) measures to fill the supply-demand gap.

Ⓐ take

Ⓑ takes

Ⓒ taking

Ⓓ taken

【単語の意味】

economist [ikánəmist] ……………… 経済学者、経済専門家
suggest [sʌgdʒést] ………………… 提案する
take measures …………………… 策を講じる
supply [səplái] …………………… 供給
demand [dimǽnd] ………………… 需要

〈4章 さらに得点 UP を目指す問題〉 171

〈答え〉 Ⓐ take

〈解説〉
命令、推奨等を表す動詞の問題です。
命令、推奨、要求、提案を表す動詞の後ろにくる that 節の中は、「主語+動詞の原形」にしなければなりません。
命令、推奨、要求、提案を表す動詞には、require の他に、suggest、request、command、recommend、propose 等さまざまな動詞があります。また動詞ではありませんが、be necessary もそうです。
イギリス英語では、that 節の中は動詞の原形ではなく、「should +動詞の原形」を使います。
TOEIC の文法問題ではアメリカ英語を基準に考えましょう。

〈問題文の訳〉
数人の経済学者は、政府は需給ギャップをうめる施策をとらなければならないと、提案してきました。

──さらに得点 UP を目指すためのポイント──
「suggest」のように「命令や推奨を表す動詞」の後ろにくる that 節の中は、「主語+動詞の原形」にしなければなりません。

第12問

できたら……○
できなかったら…×

●次の選択肢の中から正しいものを選びなさい。

That is the position for (　) she has applied to be a regular employee, but she has been offered a part-time job.

Ⓐ that

Ⓑ which

Ⓒ what

Ⓓ where

【単語の意味】

position [pəzíʃən] ……………………………職業、地位、立場
apply [əplái] ……………………………………申し込む、応募する
regular employee ……………………………正社員
offer [ɔ́fər] ……………………………………申し出る、提供する

〈4章　さらに得点 UP を目指す問題〉 **173**

〈答え〉 Ⓑ which

〈解説〉

前置詞を伴う関係代名詞の問題です。

通常の関係代名詞の問題に比べると間違える人の多い問題です。

なぜなら、関係代名詞の前に前置詞の for がついているからです。この for は「apply for」の for が関係代名詞「which」の前に出てきたものです。

ですから、関係代名詞「which」の先行詞は「the position」です。Ⓐの that を選んだ人がいると思いますが、「that」は前置詞 for を伴うことはできません。「what」は先行詞が含まれている関係代名詞なのでダメ、「where」は関係副詞なのでダメです。

〈問題文の訳〉

それは彼女が正社員になろうとして応募した職ですが、彼女には非常勤の職が提示されました。

———さらに得点 UP を目指すためのポイント———

「前置詞を伴う関係代名詞の問題かな」と思ったら、前置詞を動詞の後ろに置いてみてください。それで大丈夫なら、次は関係代名詞の先行詞があるかどうか確認してください。先行詞があれば、関係代名詞の「which/whom」を選べば、正解となります。

第13問

できたら…………○
できなかったら…×

● 次の選択肢の中から正しいものを選びなさい。

You should not forget (　　) your umbrella since rain is expected today although weather forecasts are not always accurate.

Ⓐ to take

Ⓑ taking

Ⓒ for

Ⓓ to have taken

【単語の意味】

expect [ikspékt] ……………………予想する、予期する
weather forecast ……………………天気予報
accurate [ækjərət] ……………………正確な

〈4章　さらに得点 UP を目指す問題〉 175

〈答え〉 Ⓐ to take

〈解説〉

動名詞と不定詞の問題です。他動詞には、「目的語に動名詞しかとれない他動詞」、「不定詞しかとれない他動詞」、「両方ともとれて意味も同じ他動詞」、「両方ともとれるけれど意味が違う他動詞」とがあります。英語を使い慣れていない人は一つずつ覚えていくしかありません。forget の場合、両方ともとれますが、動名詞をとる場合と、不定詞をとる場合で、意味が違ってきます。動名詞をとる場合は、「(〜したことを) 忘れる」という意味になり、不定詞をとる場合は、「(〜するのを) 忘れる」という意味になります。この問題の場合は、「傘を持って行くのを忘れないで」という意味ですから、目的語には不定詞をとって、「to take」にしなければなりません。よく似た使い方をする他動詞に「remember」があります。remember は、動名詞をとる場合には、「(〜したことを) 覚えている」で、不定詞をとる場合には「忘れずに〜する」です。一緒に覚えておきましょう。

動名詞しかとれない他動詞の代表的なものに、avoid、consider、appreciate、mind、enjoy、miss 等があります。

不定詞しかとれない他動詞の代表的なものに、expect、allow、fail、offer、promise、want、prepare 等があります。

〈問題文の訳〉

天気予報は必ずしも正確ではありませんが、今日は雨が降ると予想されているので、傘を持って行くのを忘れないでください。

──さらに得点 UP を目指すためのポイント──

他動詞には、目的語に動名詞しかとれないもの、不定詞しかとれないもの、両方ともとれて意味も同じもの、「forget」のように両方とれるけれど意味が異なるものとがあります。

第14問

できたら………○
できなかったら…×

● 次の選択肢の中から正しいものを選びなさい。

The prince left the airport at one o'clock and it takes two hours to arrive here, but because of traffic conditions, we think he will arrive at ( ) four o'clock.

Ⓐ exact

Ⓑ approximate

Ⓒ exacted

Ⓓ approximately

---【単語の意味】---

traffic [trǽfik] ……………………………………交通、交通の

〈4章　さらに得点 UP を目指す問題〉 **177**

〈答え〉 Ⓓ approximately

〈解説〉

品詞＆語彙の問題です。

空欄前後の at four o'clock は副詞句です。副詞句を修飾するのは副詞です。

選択肢の中で副詞は、Ⓓの approximately しかありません。

approximately「およそ、約」は語彙問題としてもよく出る単語です。意味も一緒に覚えておきましょう。

副詞句と言ってもわかりにくいかと思いますが、「副詞句を修飾する副詞」の典型的な問題がこの問題です。

Ⓑの approximate は形容詞と動詞として使われますが、副詞ではありません。

副詞は、主に、動詞、形容詞、他の副詞、副詞句、文全体を修飾します。

〈問題文の訳〉

皇太子は空港を1時に発ち、ここに到着するのに2時間かかりますが、交通渋滞のため、到着は4時頃になるでしょう。

―― **さらに得点 UP を目指すためのポイント** ――

品詞の問題では、空欄の前後がヒントになります。空欄の前後の「at four o'clock」は副詞句です。副詞句を修飾するのは副詞です。

第15問

できたら……○
できなかったら…×

● 次の選択肢の中から正しいものを選びなさい。

The IMF is taking the lead in providing rescue packages (　) a total of $200 billion for Thailand, Indonesia and South Korea.

Ⓐ worthwhile

Ⓑ worthy

Ⓒ worth

Ⓓ worse

【単語の意味】

IMF (International Monetary Fund)
　　　　　　　　　　　　　　……国際通貨基金
provide [prəváid] ……………提供する、供給する
rescue package ………………総合救済政策
worth [wə́ːrθ] …………………〜に値する、〜の価値がある

〈4章　さらに得点 UP を目指す問題〉 179

〈答え〉 Ⓒ worth

〈解説〉

似通った語彙の問題です。

品詞も意味も似ているので、日頃からビジネス系の英文を読み慣れていない人は迷う問題です。

2000億ドルに相当するという意味で使えるのは「worth」だけです。resucue packages の後ろに which are が省略されていると考えることもできます。

worthwhile は形容詞で、似たような意味がありますが、相当するという意味では使えません。また worthy も「価値がある」という意味の形容詞ですが、後ろに of 〜 ing か to 不定詞をとるのが普通なので、ここでは使えません。ビジネス系の英文を読み慣れていると、worth the expense（支出に値する）という表現がよく出てくるので、同じ使い方をしているこの問題も解けるはずです。

実際に最近の TOEIC に出題された用法です。このような問題を正解するためには、単純に単語とその意味だけを覚えただけでは不十分で、英文の中で使い方を覚えなければなりません。少し難しい問題です。

〈問題文の訳〉

タイ、インドネシア、韓国に対し総額 2000 億ドルの救済策を、IMF が主導して行なっています。

──**さらに得点 UP を目指すためのポイント**──

worth は、「〜に相当する、〜の価値がある」という意味の前置詞です。

第16問

できたら……………○
できなかったら…×

●次の選択肢の中から正しいものを選びなさい。

The prime rate was (　　) from three percent to four percent yesterday.

Ⓐ rose

Ⓑ rising

Ⓒ risen

Ⓓ raised

【単語の意味】

prime rate ……………… プライムレート、最優遇貸出金利

〈4章 さらに得点 UP を目指す問題〉 181

〈答え〉 Ⓓ raised

〈解説〉
自動詞と他動詞の問題です。

プライムレート（最優遇貸出金利）はそれぞれの金融機関が決め、その決めたレートに引き上げられるわけですから、他動詞の「raise」を使わなければなりません。

この英文は受動態ですから「raised」にすれば正しい英文になります。

自動詞の（上がる）の変化は、rise – rose – risen、

他動詞の（〜を上げる）の変化は、raise – raised – raised です。

〈問題文の訳〉
プライムレート（最優遇貸出金利）は、昨日3パーセントから4パーセントに引き上げられました。

────**さらに得点 UP を目指すためのポイント**────

TOEIC のパート(5)と(6)で、他動詞の raise – raised – raised が使われるのは貸出金利に関する表現のみです。

株価、消費者物価、金利等が上がる、という表現が出てきたら、自動詞の rise – rose – risen を使います。

第17問

できたら………○
できなかったら…×

● 次の選択肢の中から正しいものを選びなさい。

( ) all the respondents to my questionnaire are negative about life after retirement.

Ⓐ Almost

Ⓑ Most

Ⓒ Most of

Ⓓ Almost of

【単語の意味】

respondent [rispándənt] ……………回答者
questionnaire [kwèstʃənéər] …………アンケート
negative [négətiv] ………………………否定の、マイナスの
retirement [ritáiərmənt] ………………退職

〈答え〉 Ⓐ Almost

〈解説〉

most と almost の問題です。

空欄の後ろの、「all」は形容詞です。

形容詞を修飾するのは副詞なので、副詞の「almost（ほとんど、大体）」を入れれば正しい英文になります。「also（また）」も副詞ですが、also では意味が通りません。

副詞が修飾するのは主に、形容詞、動詞、他の副詞、副詞句、文全体です。

〈注意〉

most には形容詞と名詞があり、most を空欄に入れる問題も出題されることがあるので almost と most の使い方の違いをはっきりさせましょう。

（「most」には副詞もありますが、口語として使われている most なので、TOEIC では副詞を選ぶ際には「most」ではなく「almost」を選んでください）

「almost」と「most」の使い方は間違える人が多いので、要注意です。

〈おさえよう、この問題のポイント〉

形容詞を修飾するのは副詞です。「ほとんど」という意味の副詞を選ぶ場合には「almost」を選びましょう。

〈問題文の訳〉

私が行なったアンケートの回答者のほとんどが、退職後の生活を否定的にとらえています。

───さらに得点 UP を目指すためのポイント───

all 等の形容詞を修飾するのは副詞です。「ほとんど」という意味の副詞を選ぶ場合には most ではなく「almost」を選びましょう。

第18問

できたら…………○
できなかったら…×

●次の選択肢の中から正しいものを選びなさい。

After five years, Airline A became as (　　) as Airline B, so its stock prices reached the same level as Airline B's.

Ⓐ profit

Ⓑ profiteer

Ⓒ profitably

Ⓓ profitable

【単語の意味】

stock price……………………………………株価
reach [ríːtʃ]……………………………………達する

〈4章　さらに得点 UP を目指す問題〉 **185**

〈答え〉Ⓓ profitable

〈解説〉

as ~ as（比較）の問題です。

「as +（形容詞 / 副詞の）原級 + as」で、「—は --- と同じくらい~」という意味になります。この英文の場合、形容詞の profitable を入れれば正しい英文になります。

as ~ as の間に、形容詞が入るか、副詞が入るかの判断は動詞を見ます。

be 動詞が使われていれば形容詞、一般動詞が使われていれば副詞を入れます。

この英文の動詞は become です。become は第 2 文型を作る動詞なので、be 動詞と同じ使われ方をします。ですから、形容詞の profitable が正解になります。

〈問題文の訳〉

5 年後に、A 航空は B 航空と同じくらい収益が上がるようになったので、A 航空の株価は B 航空の株価と同じレベルになりました。

――さらに得点 UP を目指すためのポイント――

「as +（形容詞 / 副詞の）原級 + as」で、「—は --- と同じくらい~」という意味になり比較を表します。形容詞が入るか、副詞が入るかは、動詞で決まります。be 動詞であれば形容詞、一般動詞であれば副詞が入ります。

第19問

できたら………○
できなかったら…×

● 次の選択肢の中から正しいものを選びなさい。

The two major banks, long frustrated by inability to generate continuing profits in domestic retail banking, plan to merge (　　) retail business into a new entity.

(A) it's

(B) its

(C) his

(D) their

【単語の意味】

- **frustrated** [frʌ́strèitəd] …… 挫折した、頓挫した
- **inability** [inəbíləti] …………… 無力、不能
- **generate** [dʒénərèit] ………… 生み出す、発生させる
- **profit** [práfət] …………………… 利益、収益
- **domestic** [dəméstik] ………… 国内の、国内向けの
- **retail banking** ………………… リテール・バンキング、小口金融
- **merge** [mə́ːrdʒ] ………………… 合併する
- **entity** [éntəti] …………………… 事業体

〈4章　さらに得点 UP を目指す問題〉187

〈答え〉Ⓓ their

〈解説〉

代名詞の問題です。

代名詞の問題は、ほぼ、毎回 3 〜 5 問ずつ出題されます。リテールビジネスを合併するのは「the two major banks」（2 つの主要銀行）ですから、「their」になります。

空欄の少し前に、「domestic retail banking」と単数名詞が置かれているため、つい「its」を選んでしまう人がいます。間違いを誘おうと、わざと近くに単数名詞を置いている場合が多いのです。代名詞の問題では、その代名詞が何を指すのか注意してください。

代名詞は日本人が強い分野なので、絶対に GET しましょう。

〈問題文の訳〉

長年国内リテール部門で継続的な収益を上げることができずに苦しんできた 2 つの主要銀行が、リテールビジネスを合併して新しい事業体を作る予定です。

——**さらに得点 UP を目指すためのポイント**——

代名詞が実際に指す名詞を代名詞から少し離し、近くに紛らわしい名詞を置いていますが、空欄に入る代名詞が何を指すかをきちんと見極めましょう。

第20問

できたら……………○
できなかったら……×

● 次の選択肢の中から正しいものを選びなさい。

Annual negotiations ( ) a pay raise took place between the labor union and management yesterday.

Ⓐ to

Ⓑ regarding

Ⓒ with

Ⓓ entitled

【単語の意味】

annual [ǽnjuəl] ……………………………毎年の、例年の
negotiation [nigòuʃiéiʃən] ………………交渉、話し合い
pay raise …………………………………昇給、賃上げ
take place …………………………………行なわれる、起こる
labor union ………………………………労働組合
management [mǽnidʒmənt] ……………経営(者)、経営陣

〈4章 さらに得点 UP を目指す問題〉 **189**

〈答え〉Ⓑ regarding

〈解説〉

regarding（前置詞）の問題です。
前置詞 regarding は「～に関して」という意味で、頻繁に使われる前置詞です。
日頃から英語に接している方にとっては簡単な問題ですが、このような問題の場合、わからなければ消去法で選ぶのも一つの方法かと思います。
「to」は「～の方向に向かって」という意味の前置詞です。
「with」は「～とともに」という意味の前置詞です。
「to」と「with」は意味が通らないので使えません。
となると、残った「regarding」か「entitled」のどちらかということになります。
「entitled」は、「be entitled to ～」で「～の権利がある」という意味になります。

〈問題文の訳〉

例年行なわれる賃上げ交渉が昨日労使間で行なわれました。

―――さらに得点 UP を目指すためのポイント―――

前置詞の「regarding」は「～に関して」という意味で、頻繁に使われる単語です。
concerning も同じ意味で、regarding に比べると出題頻度は下がりますが、時々出るので一緒に覚えましょう。

第21問

●次の選択肢の中から正しいものを選びなさい。

As we predicted, Japan (　　) the United States was moving away from recession.

Ⓐ but

Ⓑ also

Ⓒ as well as

Ⓓ as long as

【単語の意味】

predict [pridíkt] ······予測する
recession [riséʃən] ······景気後退

〈答え〉 ⓒ as well as

〈解説〉

as well as の問題です。

「A as well as B」で、「B に加えて A も」という意味です。

As we predicted の後ろには Japan、the United States、と同じような概念の名詞が 2 つ続いています。2 つ名詞句が続く場合に、A and B の and か、as well as ではないかと想像してください。選択肢に and はなく、as well as があるので、それが正解になります。

意味は、「A as well as B」で、「B に加えて A も」ですが、「A and B」だと、「A と B は」になります。

〈参考〉

動詞が was になっていますが、「B に加えて A も」という意味の as well as の場合、主語は A になるので、動詞は were ではなく was になります。

新 TOEIC 移行後、as well as を選ばせる問題は時々出るようになりました。気づけば簡単な問題です。

〈問題文の訳〉

私たちが予想したように、米国と同様日本も不況から脱出しつつありました。

―――さらに得点 UP を目指すためのポイント―――

「A as well as B」は「B に加えて A も」という意味で頻繁に使う表現で、and とほぼ同じ意味です。

第22問

できたら……………○
できなかったら…×

● 次の選択肢の中から正しいものを選びなさい。

( ) that the rival company was going to introduce an improved product, XYZ corporation decided to invest more in its research and development department.

Ⓐ Seeing

Ⓑ See

Ⓒ To see

Ⓓ If see

【単語の意味】

rival company ……………………… 競争会社
introduce [ìntrədú:s] ……………… 導入する、持ち込む
improved [imprú:vd] ………………… 改良された
research and development …………… 研究開発

〈4章 さらに得点 UP を目指す問題〉 **193**

〈答え〉 Ⓐ Seeing

〈解説〉

分詞構文の問題です。

分詞構文とは、分詞を含む句で始まり、その句が主節を修飾しているような構文のことです。時、条件、理由、原因、譲歩、付帯状況などを表します。

この英文は、時を表したもので、書き換えると、

When XYZ corporation saw that the rival company was going to introduce an improved product, XYZ corporation decided to invest more 〜〜 . です。

主節の主語と従属節（when 以下）の主語が同じなので従属節（when 以下）の主語は省略され、分詞 Seeing で始め、「〜の時」という意味を表すことができるのです。

TOEIC 改変以降、分詞構文の問題が時々出題されるようになりました。

〈問題文の訳〉

ライバル会社が改良品を市場に出そうとしているのを知り、XYZ 社は研究開発部にさらに多くの資金を投資することに決めました。

―――さらに得点 UP を目指すためのポイント―――

分詞構文では、従属節（コンマまで）の主語と主節（コンマ以下）の主語が同じ場合には従属節の主語を省略し、かつ接続詞も省略して副詞のように主節を修飾させて分詞構文を作ります。

第23問

●次の選択肢の中から正しいものを選びなさい。

( ) in easily understandable language, the Economic Survey of Japan has a wide circulation.

Ⓐ Writing

Ⓑ Written

Ⓒ Write

Ⓓ Be written

【単語の意味】

economic survey ……………………… 経済白書
circulation [sə́ːrkjəléiʃən] ……………… 発行部数、配布、流通

〈答え〉 Ⓑ Written

〈解説〉

分詞構文の問題です。

分詞構文には、時を表すもの、条件を表すもの、理由／原因を表すもの、結果を表すもの、譲歩を表すもの、付帯状況を表すものなど、いろいろあります。

この問題文のコンマまでを分詞構文を使わないで書くと、

Because Economic survey of Japan is written in easily understandable language, Economic survey of Japan 〜〜 . となります。

従属節（コンマまで）の主語が主節（コンマ以下）の主語の Economic survey of Japan と同じなので主語を省略し、かつ接続詞も省略して副詞のように主節を修飾させて分詞構文を作ります。すると受動態の分詞構文になり、

(Being) written in easily understandable language, Economic survey of Japan 〜〜 . という英文になります。ただ、受動態の分詞構文では be 動詞は省略されることが多いので、be 動詞を省略すると、

Written in plain words, Economic survey of Japan 〜〜 .

という英文になります。ですからⒷの Written が正解となります。

TOEIC 改変以降、時々分詞構文の問題が出題されるようになりました。「受動態の分詞構文」も出題されています。

〈問題文の訳〉

平易な言葉で書かれているので、経済白書は広く読まれています。

―――― **さらに得点 UP を目指すためのポイント** ――――

受動態の分詞構文では be 動詞は省略されることが多いので、過去分詞（〜 ed）で始まる場合が多いです。

第24問

できたら……○
できなかったら…×

●次の選択肢の中から正しいものを選びなさい。

( ) the prestigious department store announced longer hours of operation, the management was pleased to find that sales increased 10 percent.

  Ⓐ Once

  Ⓑ While

  Ⓒ Upon

  Ⓓ Even

【単語の意味】

prestigious [prestí:dʒəs] ……………… 名声のある、一流の
operation [àpəréiʃən] ……………… 業務、営業
the management ……………… 経営陣

〈4章　さらに得点 UP を目指す問題〉 **197**

〈答え〉 Ⓐ Once

〈解説〉

接続詞 once の問題です。

once には接続詞と副詞があり、接続詞では「一旦〜すると、〜するやいなや」という意味です。

副詞では「かつて、一旦」という意味です。

この英文は節（S + V）と節（S + V）を結んでいるので、接続詞を入れなければならないということがわかります。選択肢の中で接続詞はⒶの Once とⒷの While だけです。

While「一方で、〜の間」ではこの英文の意味が通りませんが、Once であれば英文の意味が通るので、Once が正解となります。

数年前は「かつて」という意味で副詞の once の方が出題頻度が高かったのですが、最近は「一旦〜すると」という意味の接続詞の once の方が出題頻度が高くなりました。

その意味では接続詞の once の方が重要ですが、出題傾向は、いつ逆転するかわからないので、両方の意味と使われ方を覚えておきましょう。

〈問題文の訳〉

有名デパートが営業時間の延長を発表するやいなや、売上げが 10 パーセント増加したと知って、経営陣は喜びました。

───さらに得点 UP を目指すためのポイント───

once には接続詞と副詞があり、接続詞は「一旦〜すると、〜するやいなや」、副詞は「かつて、一旦」という意味です。

第25問

●次の選択肢の中から正しいものを選びなさい。

The automobile factory workers tried out the new model (　　) before it was given final approval.

(A) himself

(B) herself

(C) themselves

(D) itself

【単語の意味】

automobile [ɔ́:təmoubì:l] ……………………自動車
factory [fǽktəri] ……………………………工場
final [fáinl] ……………………………………最終的な

〈答え〉 Ⓒ themselves

〈解説〉

再帰代名詞の問題です。

self がつく代名詞を再帰代名詞と言います。

「自分で、自ら」という意味を強調する場合に使います。

この英文でも、自動車工場の労働者自らと、「自ら」を強調するために、再帰代名詞を使っています。

この英文の場合、代名詞は automobile factory workers を指すわけですから、「himself」や「itself」ではなく「themselves」になります。

再帰代名詞に限らず、代名詞の問題では、その代名詞が何を指すのか注意をしてください。

代名詞の問題は毎回 3 〜 5 問ずつ出題されるので、重要な問題です。

〈問題文の訳〉

自動車工場の労働者は、新しいモデルが最終的な承認を得る前に彼ら自身でそれを試用してみました。

───さらに得点 UP を目指すためのポイント───

self がつく代名詞を再帰代名詞と言います。「自分で、自ら」という意味を強調する場合と、目的語に主語と同じ人が入る場合に使います。

第26問

できたら………○
できなかったら…×

●次の選択肢の中から正しいものを選びなさい。

The Star Company, the electrical goods manufacturer, is to step up the use of merit-based salary (　　) the next two years.

Ⓐ about

Ⓑ at

Ⓒ over

Ⓓ by

【単語の意味】

electrical [iléktrikl] ……………………電気の
manufacturer [mænjəfæktʃərər]
　……………………………製造会社、製造メーカー
step up ………………………………強化する
merit-based salary ……………能力給

〈4章　さらに得点 UP を目指す問題〉 201

〈答え〉 Ⓒ over

〈解説〉
前置詞の問題です。
選択肢は、いずれも時間を表す場合に用いることのできる前置詞です。
しかし、Ⓑの at と、Ⓓの by は、特定の時点を表す語とともに用います。この英文の場合、今後2年間で、と期間があるので使えません。
Ⓐの about を前置詞として使う場合には「〜頃に」という意味になり、やはりこの英文では不適切です。
前置詞としての over には「わたって」という意味があり、この英文に用いると「今後2年間にわたって」という意味になり、正解となります。
すぐに正解の over にたどりつける実力のある人は別として、この問題のように、選択肢に紛らわしい語が並んでいる場合には、消去法を使うと正解にたどりつけることが多いです。
このパートに限らず、TOEIC では消去法が思いのほか、有効です。わからない場合は、消去法を使いましょう。
前置詞の問題はパート(5)と(6)を合わせると毎回3〜5問前後出題されます。さまざまな前置詞について、使い方の違いを理解しておくことが大切です。

〈問題文の訳〉
電気製品製造メーカーであるスター電器は、今後2年間で能力給の適用範囲を広げる計画です。

———さらに得点 UP を目指すためのポイント———
over は「〜の間、〜にわたって」という意味の前置詞です。前置詞の in「〜後」や、for「〜間」との使い方の違いを明確にしておきましょう。

第27問

●次の選択肢の中から正しいものを選びなさい。

The company announced that it would become listed on the New York Stock Exchange ( ) the next two years.

(A) within

(B) near

(C) with

(D) into

【単語の意味】

list [líst] ……………………………………上場する
New York Stock Exchange ………ニューヨーク証券取引所

〈答え〉Ⓐ within

〈解説〉

前置詞の問題です。

選択肢は、すべて前置詞ですが、時間（期間、期限）を表す表現で使えるのはⒶの「within」だけです。

前置詞としての within には「〜以内に」という意味があり、この英文に用いると「今後2年以内に」という意味になり、英文の意味が通ります。

「in」や「at」はできるけれど、「within」や「over」になるとできないという人がいます。新 TOEIC になって以降、within や over の出題頻度が上がっています。

使い方を覚えましょう。

前置詞の問題は毎回3〜5問ずつ出題されます。最近はさまざまな前置詞の使い方が問われます。

それぞれの前置詞の使い方の違いを理解しておくことが大切です。

〈問題文の訳〉

その会社は今後2年以内にニューヨーク証券取引所に上場すると発表しました。

———さらに得点 UP を目指すためのポイント———

within は「〜以内に」という意味の前置詞です。「〜以内に」という意味での within は、「〜の間に、〜のうちに」という場合の「in」の使い方とよく似ています。

第28問

できたら……○
できなかったら…×

● 次の選択肢の中から正しいものを選びなさい。

Many domestic companies are making plans to enter the Chinese market which, economists have predicted, will be one of the (   ) consumer markets within ten years.

Ⓐ strength

Ⓑ most strongly

Ⓒ strongly

Ⓓ strongest

【単語の意味】

domestic [dəméstik] ……………国内の
make a plan ……………………計画を立てる、予定を立てる
economist [ikánəmist] …………エコノミスト、経済学者
predict [pridíkt] …………………予測する
consumer market ………………消費市場

〈4章 さらに得点 UP を目指す問題〉 **205**

〈答え〉 ⑪ strongest

〈解説〉

最上級の問題です。

空欄の前に、形容詞の最上級の場合の定冠詞「the」があります。

これをヒントに、最上級の問題ではないか、と想像してください。最上級の問題だとわかれば答えは⑪の strongest だとわかります。

最上級の問題の場合、定冠詞の the と、後ろの比較期間や対象を表す in や of、「これまで見た中で」という最上級の場合に使う「he had ever seen」などのような ever が含まれる表現などがある場合が多く、ヒントになります。

最上級の問題は比較級の問題に比べると出題頻度は下がりますが、1 年に 1 ～ 2 度出題される問題です。出題パターンさえマスターすれば簡単です。

〈問題文の訳〉

多くの国内企業は、エコノミストが 10 年以内に最も力強い消費市場のひとつとなると予測している中国市場に参入する計画を立てています。

―――さらに得点 UP を目指すためのポイント―――

「定冠詞」と後ろの within がヒントになり、最上級の英文だと判断できます。

他にも、「定冠詞」と「後ろの in や of」がヒントになる場合や、「定冠詞」と「後ろの ever seen」がヒントになる場合等、さまざまです。

第29問

●次の選択肢の中から正しいものを選びなさい。

The vice president had the copy of the contract ( ) to the client.

Ⓐ sent

Ⓑ send

Ⓒ to send

Ⓓ sending

【単語の意味】

contract [kάntrækt] ……契約、契約書
client [klάiənt] ……顧客

〈答え〉 Ⓐ sent

〈解説〉

使役の問題です。

使役（〜させる）の動詞としては、make、have、get、let などがありますが、TOEIC によく出るのは have で、まれに let が出るくらいです。

have を使って使役の英文を作る場合、

*「(人) に〜させる」→「have ＋目的語＋動詞の原形」
*「(物) を〜させる」→「have ＋目的語＋過去分詞」

となります。

使役の動詞 have の後ろに「人」がくるのか、「物」がくるのかで使い分けてください。

この問題の場合、使役の動詞 have を過去形で使っていて、had の後ろは「the copy of the contract」と物がきています。ですから、過去分詞の sent が正解になります。

〈参考〉

使役の動詞 get を使う場合には、「get ＋目的語＋ to 不定詞」の形になり、to が必要です。そのせいか、get を問う使役の問題はほとんど出ていません。make も使い方が少し難しいせいか、最近はほとんど出ていません。

〈問題文の訳〉

副社長は契約書のコピーをその顧客へ送付させました。

──さらに得点 UP を目指すためのポイント──

have を使って使役の英文を作る場合、

*「(人) に〜させる」という時には、「have ＋目的語＋動詞の原形」
*「(物) を〜させる」という時には、「have ＋目的語＋過去分詞」となります。

第30問

できたら……○
できなかったら…×

● 次の選択肢の中から正しいものを選びなさい。

( ) taking appropriate financial and industrial measures to improve economic activity, the Japanese government will not be able to avert the threatening deflationary risk.

(A) Without

(B) Unless

(C) Until

(D) With

【単語の意味】

appropriate [əpróupriət] ……………適切な
financial [finǽnʃəl] ……………………財務の、金融の
industrial [indʌ́striəl] …………………工業の、産業の
take measures ……………………………手段をとる、策を講じる
improve [imprú:v] ………………………向上させる、改善する
avert [əvə́:rt] ………………………………避ける、防ぐ
threatening [θrétniŋ] …………………脅威的な、脅かすような
deflationary [difléiʃənèri] ……………デフレの、通貨収縮的な

〈4章 さらに得点 UP を目指す問題〉 209

〈答え〉 Ⓐ Without

〈解説〉

前置詞 without の問題です。

「without」も「unless」も「〜でなければ」で、同様の意味ですが、後ろに節がくる場合は「unless」、後ろに名詞（句）がくる場合は「without」を使います。この英文の場合、空欄の後ろが名詞（句）になっています。ですからⒶの「without」を選ばなければなりません。

時々出題される問題です。「unless」と「without」、それぞれの使い方を一緒に覚えておくといいです。

ただ最近は、選択肢に unless と without が一緒に並んでいなく、バラバラな接続詞と前置詞が並んでいてその中から選ぶというパターンも増えていて、そのような問題の場合には品詞でチェックした後に意味で考えなければならないので少し時間がかかります。

〈問題文の訳〉

経済活動を改善するための、適切な財務上および産業上の対策をとらなければ、日本政府は迫りつつあるデフレ危機は回避できないでしょう。

───さらに得点 UP を目指すためのポイント───

「〜でなければ」という意味の英文にしたい場合、後ろが節なのか、名詞（句）なのかを最初に見ます。後ろが節の場合は「unless」、後ろが名詞（句）の場合は「without」を使います。

第31問

できたら……○
できなかったら…×

● 次の選択肢の中から正しいものを選びなさい。

He had worked with such ( ) that he was successful in enhancing the position of his company in the European region.

- (A) enthusiastic
- (B) enthusiastically
- (C) enthusiasm
- (D) enthusiast

【単語の意味】

enhance [enhǽns] ……………………高める、向上させる
position [pəzíʃən] ……………………地位、職業、立場
region [ríːdʒən] ………………………地域、地方

〈4章 さらに得点 UP を目指す問題〉**211**

〈答え〉 Ⓒ enthusiasm

〈解説〉

so 〜 that…/such 〜 that…の問題です。
英文全体を見て、「such 〜 that…」(とても〜なので…) の構文だと、瞬時に気づいてください。「such」の後ろには名詞がきます。選択肢の中で名詞はⒸの enthusiasm と、Ⓓの enthusiast しかありません。Ⓓの enthusiast は (熱狂者、熱中している人) という意味ですから文意に合いません。ですから、Ⓒの enthusiasm (熱心、熱意) が正解となります。

〈重要〉

ちなみに、such の代わりに so が使われていたら、形容詞か副詞を選ばなければなりません。「such 〜 that…」、「so 〜 that…」は一緒に覚えてください。such や so を空欄に入れさせるタイプの問題もあります。その場合には、空欄の後ろの品詞をヒントに、such か so のいずれかを選んでください。

〈問題文の訳〉

彼は一生懸命働いたので、ヨーロッパでの彼の会社の地位を高めることに成功しました。

―――**さらに得点 UP を目指すためのポイント**―――

「such 〜 that…」の場合には such の後ろは名詞、「so 〜 that…」の場合には so の後ろは形容詞か副詞が続かなければなりません。

さらにスコアアップ！

【英字記事を毎日精読】
―「すごい人」のその後

『1日1分レッスン！ TOEIC Test ステップアップ編』のコラムに書いた「すごい人の話」は反響が大きく、「あのコラムには本当に励まされました」「苦しくなったらあのコラムを読んでいます」などのメールが今も届きます。

あのコラムは、高校卒業時に10段階中1の評価でまったく英語ができなかったTさんが、47歳になって初めてTOEICの勉強を始め、半年後の2006年11月の公開テストで885点を出すまでのプロセスと努力をまとめたものです。Tさんは長く郵便配達の仕事に携わってきた方です。今回は「すごい人」のその後について書かせていただきます。Tさんは、その後も相変わらず「すごい人」です。

ステップアップ編に書いたように、2006年11月に最高点の885点を出したものの、2007年1月に受けたら855点にダウン。テストはできなかったという感触があったようで、テスト当日の夜に弱点を分析、弱いのはパート(5)の語彙問題とパート(7)の長文読解問題と判断、「やっぱり英

さらにスコアアップ！

文を読む量を増やして読解力を上げるしかない」と思ったそうです。早速その夜からのスタートです。

インターネットで、毎日、読売、朝日、JAPAN TIMES、CNN等の無料の英字記事から読めそうな記事を拾う作業から開始、まず山のような見出しを読み、読めそうな内容の記事を集め、A4裏表1枚（1500～2000字くらい）にコピーをし、読んだそうです。一度読み、読んでわからない単語や熟語に線を引き、読み終わった後で「英辞郎」を使って調べるのですが、下の余白部分にその単語や熟語と意味を書き込んでおくそうです。

翌日はそのペーパー持参で出勤、お昼ごはんを食べながら再度丁寧に読み、帰宅後は余白にメモした単語や熟語をコピーから切り取ってノートに貼り付け、それぞれの意味を隣に書き込む、という作業を毎日繰り返しました。それらを後日まとめてフリーソフト「pstudysystem」を使って入力するそうです。入力済みのどれか一つの単語をチェックすると、ランダムに4つの単語の意味が出て正解を選ぶので、忘れた頃に確認作業をしたそうです。入力した単語と熟語数は4000は、あるそうです。（その2に続く）

5章

困ったら この裏技、 奥の手で

「先に選択肢を見て、選択肢から問題のポイントと正答を想像する」という方法があります。よくわからない問題や、時間がない場合に効果を発揮します。この章では、裏技や奥の手を使って正答にたどりつく方法を説明します。

第1問

できたら……○
できなかったら…×

● 次の選択肢の中から正しいものを選びなさい。

(　　) unfavorable business conditions for the fiscal year 2003, our company plans to employ numbers of new graduates.

Ⓐ Although

Ⓑ Despite

Ⓒ However

Ⓓ Nevertheless

【単語の意味】

unfavorable [ʌ̀nféivərəbl]
　……………………………好ましくない、振るわない
business conditions …経営状況、営業状況、事業状態、景気
fiscal year ……………会計年度
employ [emplói] ………採用する、雇用する
new graduate …………新卒者

〈5章　困ったらこの裏技、奥の手で〉 **217**

〈答え〉 Ⓑ Despite

〈解説〉

although/though と despite/in spite of の問題です。

この問題の空欄からコンマまでを見ると主語がなく、「名詞句」になっています。ということは、「despite」か「in spite of」を選べばいいのです。Ⓑの「Despite」が正解です。

however……接続詞的に使われることもありますが、「それにもかかわらず」という意味だと副詞なので、節と節を結ぶことはできません。

nevertheless……「それにもかかわらず」という意味の副詞です。副詞は節と節を結ぶことはできません。

〈ヒント〉

TOEIC の問題で、「それにもかかわらず」という意味の単語を入れる場合、「however」や「nevertheless」が正答になっている問題はあまり見たことがありません。時間がない時は正答候補からはずしてもいいのではないかと思います。

*後ろに節がくる場合は、TOEIC ではたいてい以下の選択肢のいずれかです。「though」「although」「even though」

*後ろに名詞（句）がくる場合は、TOEIC ではたいてい以下の選択肢のいずれかです。「despite」「in spite of」

〈問題文の訳〉

2003 年会計年度の業績不振にもかかわらず、わが社は多くの新卒者を採用する計画です。

―――――― この裏技、奥の手で ――――――

選択肢を眺めれば「although/though」と「despite/in spite of」の問題だということはすぐにわかるはずです。

次に、空欄の後ろが節なのか名詞（句）なのかをチェックします。後ろが名詞句であることにすぐに気づくと思います。全文を読む必要はなく、1～2秒もあれば解けます。

第2問

できたら……○
できなかったら…×

● 次の選択肢の中から正しいものを選びなさい。

( ) information about the number of bankruptcies in the second quarter can be acquired by sending inquiries to the government.

Ⓐ Much

Ⓑ Few

Ⓒ Many

Ⓓ Almost

【単語の意味】

bankruptcy [bǽŋkrʌptsi] ……………… 倒産
the second quarter …………………… 第2四半期
acquire [əkwáiər] ……………………… 入手する、獲得する
inquiry [ínkwəri] ……………………… 問合わせ、質問

〈答え〉 Ⓐ Much

〈解説〉

不可算名詞の問題です。

Information は不可算名詞です。

ですから不可算名詞を修飾する much を入れれば正しい英文になります。不可算名詞の問題が出題される場合、以前は大半の人がひと目でわかるような equipment、furniture、fruit、advice 等がよく出題されていたようです。しかし、最近では「information」や「Internet」等、ビジネスで頻繁に使われている単語の出題の方が増えています。

〈問題文の訳〉

第2四半期の倒産件数に関する情報は、政府に問合わせをすれば入手できます。

―――――――――この裏技、奥の手で―――――――――

先に選択肢を見ます。選択肢に、不可算名詞を修飾する「much」や「little」、可算名詞を修飾する「many」等が並んでいたら、「不可算名詞の問題かもしれない」と考えましょう。次に、空欄のすぐ後ろか、少し後ろに、不可算名詞がないかチェックしてください。

不可算名詞があれば、不可算名詞を修飾する語彙の中から意味の合致する語彙を選べば正解になります。全文を読む必要はありません。

第3問

できたら……………○
できなかったら…×

● 次の選択肢の中から正しいものを選びなさい。

He accepted the very difficult job because it was prestigious (　　) well-paying.

Ⓐ as

Ⓑ and

Ⓒ however

Ⓓ for

【単語の意味】

prestigious [prestí:dʒəs] ……………名声のある、一流の
well-paying ……………………………給料のいい

〈答え〉 Ⓑ and

〈解説〉

接続詞の問題です。

接続詞の問題は、英文を読んで、語と語、句と句、節と節がどのような関係でつながっているかを考えなければなりません。

この英文では、空欄直前の「prestigious」と「well-paying」がどのような関係になっているのかを考えれば、正解がわかります。

両方とも形容詞で、かつ同様にプラスの概念を表す単語です。

ということは、接続詞 and を選べばいいということになります。

句と句や、語と語を結ぶ接続詞の問題では、等位接続詞しか入りません。

主な等位接続詞は、and、but、or です。句と句や、語と語を結ぶ接続詞の問題だとわかれば、すぐに選択肢から、and、but、or を探しましょう。

〈問題文の訳〉

名誉があり、報酬がよかったので、彼は、その大変難しい仕事を引き受けました。

――――――――この裏技、奥の手で――――――――

句と句や、語と語を結ぶ問題は、等位接続詞を使います。おもな等位接続詞は and、but、or などです。選択肢からこれらだけを残し、次に意味で選ぶと、いいでしょう。この問題のように、選択肢に等位接続詞が一つしかない場合、すぐに答えにたどりつけます。

第4問

できたら……○
できなかったら…×

● 次の選択肢の中から正しいものを選びなさい。

Since the yen rose to ¥102 against the dollar last month, the BOJ's Policy Board (　　) the appropriate time to intervene to keep the yen weak.

Ⓐ discussed about

Ⓑ discussed

Ⓒ discussed over

Ⓓ discussing

【単語の意味】

BOJ (=Bank of Japan) ……………………日本銀行
policy board ………………………………政策決定機関
appropriate [əpróupriət] ……………………適切な
intervene [ìntərvíːn] ………………………介入する

〈5章　困ったらこの裏技、奥の手で〉 223

〈答え〉 Ⓑ discussed

〈解説〉

自動詞と他動詞の問題です。
自動詞と他動詞の問題は時々出題されます。「discuss」は、「議論する」という意味の他動詞です。他動詞ですから目的語の「the appropriate time」がすぐ後ろにきます。したがって、前置詞の about や over は要りません。

〈重要〉

動詞には、自動詞と他動詞があり、自動詞は目的語をとりません。一方、他動詞は目的語をとります。したがって、他動詞の後ろに前置詞がつくことはありません。難しいのは、同じ動詞が、自動詞としても他動詞としても使われる場合があるからです。また、動詞一つ一つについて、自動詞か他動詞かを覚えていくのは至難の業です。日常業務で英語に接している方は、感覚的にわかる場合が多いかと思いますが、そうでない方は、やはり問題集を解きながらよく出てくるものを覚えていくのが一番の近道かと思います。

〈問題文の訳〉

円が、先月対ドルで102円まで上昇したので、日銀政策委員会は円安を持続させるための最適な介入時期について議論しました。

―――――――― この裏技、奥の手で ――――――――

「他動詞の問題」でよく取り上げられるのは「discuss」です。選択肢に「discuss」が入った表現が並んでいたら、すぐにピン！ときてください。「あっ、他動詞の問題かもしれない」と。他動詞ですから、後ろに直接目的語がきます。
前置詞がくることはありません。

第5問

できたら……………○
できなかったら…×

● 次の選択肢の中から正しいものを選びなさい。

Because orders have been increasing for the past year, the company has made plans for the (　　) of factory floor space.

(A) expands

(B) expansion

(C) expansive

(D) expanded

【単語の意味】

order [ɔ́:rdər] ……………………………………注文
factory [fǽktəri] ……………………………………工場

〈5章　困ったらこの裏技、奥の手で〉 **225**

〈答え〉Ⓑ expansion

〈解説〉

品詞（名詞）の問題です。

空欄の直前は「冠詞の the」で、直後は「前置詞の of」です。
冠詞と前置詞の間に入るのは、名詞です。
名詞はⒷの expansion だけです。

「空欄の前が冠詞で、後ろが前置詞の場合、空欄に入るのは名詞」と覚えておけば、空欄の前後を見るだけで、一瞬で解けます。比較的簡単な名詞の問題の中でも、特に簡単な問題です。必ず正解しましょう。

名詞の expansion は「拡大」という意味です。動詞は expand 「拡大する」で、ともにビジネス関連の英文で頻繁に使われます。

〈問題文の訳〉

この1年で注文が増加したので、会社は工場の床面積の拡張を計画しました。

―――――――――この裏技、奥の手で―――――――――

「冠詞と前置詞の間に入るのは名詞」と覚えておきましょう。
空欄の前後を見るだけなので一瞬で解けます。

第6問

できたら…………○
できなかったら…×

● 次の選択肢の中から正しいものを選びなさい。

Because of the oil shortage, gasoline prices are (   ) to rise throughout the world, especially in major gasoline consuming countries.

Ⓐ expected

Ⓑ expect

Ⓒ expecting

Ⓓ expectedly

【単語の意味】

shortage [ʃɔ́:rtidʒ] ……………………不足
throughout [θruáut] …………………〜の間中
consume [kənsú:m] ……………………消費する、費やす

〈5章 困ったらこの裏技、奥の手で〉 227

〈答え〉 Ⓐ expected

〈解説〉

be expected to の問題です。

空欄の直前に be 動詞の are があるため、間違ってⒸの expecting を選んだ人がいるかと思います。

expect A to B は、「A が B することを期待する」という表現でよく使います。

この表現は、A が主語になり「A is expected to B」と受動態の形で使われることが多く、この問題文でもこの形で使われているため、expected を入れると正しい英文になります。

encourage や、allow も、expect と同じような使い方をします。

選択肢に、expect、encourage、allow 関連の表現が並んでいれば、expect A to B（encourage A to B、allow A to B）の形を問う問題か、そうでなければこの表現の A の部分が主語になった、A is expected to B（A is encouraged to B、A is allowed to B）と考え、expected や、encouraged や、allowed を選びましょう。

〈問題文の訳〉

石油不足のため、世界中、特に主要なガソリン消費国でガソリン価格が上昇すると予想されています。

───**この裏技、奥の手で**───

選択肢に、expect、encourage、allow 関連の表現が並んでいれば、expect A to B（encourage A to B、allow A to B）の形を問う問題か、あるいは受身形の、A is expected to B（A is encouraged to B、A is allowed to B）の形を問う問題のどちらかだろう、と考えましょう。出題頻度としては受身形での出題の方がはるかに高いです。

第7問

できたら……○
できなかったら…×

● 次の選択肢の中から正しいものを選びなさい。

Compared to the private sector, the pay gap between men and women is much narrower in the public sector (　　) women earn 80 percent of men's weekly earnings.

Ⓐ which

Ⓑ where

Ⓒ whose

Ⓓ what

【単語の意味】

earn [ə́:rn] ……………………………………………稼ぐ
earnings [ə́:rniŋz] ……………………………………所得

〈答え〉Ⓑ where

〈解説〉
関係副詞の問題です。
関係副詞には、時を表すwhen、場所を表すwhere、理由を表すwhy、方法を表すhowがあります。
関係副詞の問題は頻出問題ではありませんが、関係副詞の問題の中で出題頻度が高いのはwhereです。
「前置詞＋関係代名詞」の働きをするものが関係副詞です。ですから、関係副詞は「前置詞＋関係代名詞」で書き換えることができます。この英文の場合、「in the public sector（公的部門では）」と言いたいわけですから、関係代名詞を使って、in whichとすれば正しい英文になります。ということは「前置詞＋関係代名詞」に書き換えられるので関係副詞のwhereが正解だということです。

〈関係代名詞と関係副詞との間で迷う人へ〉
空欄に続く英文が、完璧な英文かどうかを見れば簡単にわかります。関係代名詞の場合、関係代名詞が続く英文の主語や目的語の働きをするので、続く英文から主語や目的語が抜けているはずで、完璧な英文ではないはずです。

〈問題文の訳〉
民間企業に比べ男女間の賃金格差は公的機関の方がはるかに小さく、公的機関では女性の週給は男性の週給の80パーセントです。

──────この裏技、奥の手で──────
関係代名詞whichと、関係副詞whereの間で迷ったら、続く英文が完璧な英文かどうかをチェックしましょう。関係代名詞の場合、関係代名詞が続く英文の主語や目的語の働きをするため、続く英文から主語や目的語が抜けているはずです。

第8問

できたら………○
できなかったら…×

● 次の選択肢の中から正しいものを選びなさい。

The pharmaceutical company will be (　　) a new kind of diet sugar which is said to be low in calories.

Ⓐ introduced

Ⓑ introduce

Ⓒ introducing

Ⓓ introduction

【単語の意味】

pharmaceutical company ……………………製薬会社
calorie [kǽləri] ……………………………………カロリー、熱量

〈5章　困ったらこの裏技、奥の手で〉 **231**

〈答え〉 Ⓒ introducing

〈解説〉

未来進行形の問題です。

実際には、能動態なのか、受動態なのかを判断させる問題です。

能動態の英文を、意図的に進行形にしているのは、空欄直前に be 動詞を置いて受動態の英文だと勘違いをさせ、Ⓐの introduced を選ばせようとしているのです。

能動態なのか、受動態なのか、の判断をする際には、主語と動詞の関係を考えなければならず、少し時間がかかります。

早く解く方法として奥の手があります。

「動詞の後ろに目的語があるかどうかを真っ先にチェックする」です。

受動態は、能動態の英文の目的語が主語になっているので、もとの英文に目的語が2つある場合や目的語が省略されている場合を除けば、受動態の英文には目的語はありません。

この英文の場合、空欄の後ろに a kind of diet sugar という目的語があります。ということは受動態ではなく、能動態の英文、つまり進行形が答えになるとわかります。

〈問題文の訳〉

その製薬会社はカロリーが低いと言われている新種のダイエットシュガーを発表します。

―――――― **この裏技、奥の手で** ――――――

受動態は他動詞の目的語が主語になるので、もとの英文に目的語が2つある場合や、目的語が省略されている場合以外は、後ろに目的語がありません。能動態か受動態かの判断をする問題で時間がない場合には、後ろに目的語があるかどうかをチェックします。目的語がなければ受動態、と考えると素早く見分けることができます。

第9問

できたら…………○
できなかったら…×

● 次の選択肢の中から正しいものを選びなさい。

( ) drastic measures are taken immediately, he expects Japan to be hit by lower industrial productivity due to the decreasing work force and decline in major capital investment.

Ⓐ Because

Ⓑ If

Ⓒ Unless

Ⓓ Without

【単語の意味】

drastic measure ……………… 抜本的対策
immediately [imí:diətli] ………… ただちに、速やかに
productivity [pròudʌktívəti] ……生産性
due to ……………………………〜のおかげで、〜のせいで
work force ………………………労働力、労働人口
decline [dikláin] …………………減少、下落
capital investment ……………設備投資

〈5章 困ったらこの裏技、奥の手で〉 233

〈答え〉 ⓒ Unless

〈解説〉

unless と without の問題です。

主節と従属節（コンマの前後の節）で相反する内容ですから、「Because」と「If」は正答候補からはずれます。ということは「Unless」か「Without」のどちらかが正解ということになります。

「unless」は「= if not（もし～でなければ）」という意味の接続詞です。「without」は「～でなければ」という意味の前置詞で、同様の意味ですが、後ろに節がくる場合は「unless」、後ろに名詞（句）がくる場合は「without」を使います。この英文の場合、空欄の後ろが節（S + V）になっています。ですから「unless」にしなければなりません。時々出題される問題です。

〈問題文の訳〉

思い切った対策をただちにとられなければ、日本は、労働人口の減少や大型の設備投資の減少により工業生産力が低下するだろうと、彼は予測しています。

──────**この裏技、奥の手で**──────

最初に選択肢を見ます。選択肢に「unless」と「without」の両方があったら十中八九「unless と without の問題」です。空欄の後ろがヒントになるため、そこを見ます。節であれば「unless」を、名詞（句）であれば「without」が正解です。

ただ最近は、選択肢に unless と without が一緒に並んでなく、バラバラな接続詞と前置詞が並んでいてその中から選ぶというパターンも増えています。そのような問題の場合には、品詞でチェックした後に意味で考えなければならないので、少し時間がかかります。

第10問

できたら……○
できなかったら…×

●次の選択肢の中から正しいものを選びなさい。

Because of his many absences and frequent tardiness, he had been dismissed just before the company (　　) bankrupt.

Ⓐ went

Ⓑ going

Ⓒ had gone

Ⓓ goes

【単語の意味】

absence [ǽbsəns] ……………………………欠席
tardiness [táːrdinəs] ……………………………遅刻
dismiss [dismís] ……………………………解雇する
bankrupt [bǽŋkrʌpt] ……………………………倒産した（形容詞）

〈5章　困ったらこの裏技、奥の手で〉 235

〈答え〉 Ⓐ went

〈解説〉
時制をずらす問題です。
「時制を一致させなければならない問題」も出題されますが、逆に「時制をずらさなければならない問題」も出題されます。過去に起こった2つのことを言っています。過去に起こった2つのことを言う場合、「先に起こったことには過去完了を使い、後に起こったことには過去を使う」と覚えておきましょう。時間の流れに沿って線図を書いて考えるとわかりやすいです。この英文の場合、会社が倒産した時に、すでに彼は解雇されていました。ですから、「彼が解雇された」事実が先なので、過去完了を使い、会社が倒産したという事実は後に起こっているので、過去を使います。

〈注意〉
過去に起こった2つのことを言っていて、かつ、「after」や「before」という単語が使われている時には注意してください。「after」や「before」が使われている時には、当然時間のずれがある場合が多いです。

〈問題文の訳〉
度重なる欠勤と常習的な遅刻のため、彼は会社が倒産する直前に解雇されました。

この裏技、奥の手で

過去に起こった2つのことを言っている英文だとわかれば、まず「時制がずれているかどうか」をチェックしましょう。つまり、先に起こったことには過去完了を、後に起こったことには過去を使っているかどうかのチェックです。

第11問

できたら…………○
できなかったら…×

●次の選択肢の中から正しいものを選びなさい。

(　　) his summer vacation, he spent most of his time writing an essay to get into law school.

Ⓐ In

Ⓑ While

Ⓒ During

Ⓓ When

【単語の意味】

essay [ései] ……………………………………小論文、エッセー
law school ……………………………………法科大学院

〈5章　困ったらこの裏技、奥の手で〉

〈答え〉 ⓒ During

〈解説〉

while と during の問題です。

while は「〜している間に」という意味の接続詞なので後ろに節がこなければなりません。

一方、「during」も同じ意味ですが、前置詞なので、後ろにくるのは名詞（句）です。

この問題の場合、空欄の後ろは「his summer vacation」ですから名詞句です。ですから、空欄には、「During」が入ります。

後ろに節がくる時は「while」、後ろに名詞（句）がくる時は「during」と覚えましょう。

〈問題文の訳〉

夏休み中、ロースクールに入るために、彼は大半の時間を論文を書いて過ごしました。

──────この裏技、奥の手で──────

先に選択肢を見ます。選択肢に、while と during の両方があれば、「あっ、while と during の問題だ！」と気づいてください。気づいたら、後ろの形を見て、節であれば「while」、名詞（句）であれば「during」です。

ただ最近は、選択肢に while と during が一緒に並んでなく、バラバラな接続詞と前置詞が並んでいてその中から選ぶというパターンも増えていて、そのような問題の場合には少し時間がかかります。

さらにスコアアップ！

【48歳で900点突破】
―「すごい人」のその後その2

　2007年1月14日に始めた英字新聞の精読作業ですが、始めて87日めに、自分の読み方が変わったと気づいたそうです。英文を読む際にずっとあった苦手意識がなくなり「あっ、読める！」と思ったそうです。さらに219日めには読むスピードが上がり、いつもより楽に読めるのが自分で実感できたとのことです。

　TOEICの2週間前には、私の文庫や教室での配布問題、新公式問題集などの勉強もしたそうですが、教材の使い方も変えたそうです。パート(5)の問題であれば、以前は文法問題として使っていたのですが、この頃は読み物的に読んでいたとのことです。あとはもっぱらリーディング力強化のために毎日、新聞記事を読み、理解する練習をひたすら繰り返しました。

　リーディング力がついた結果、2007年5月に910点、2007年7月のテストでは930点を取りました。

　Tさんは、若い頃よくNHKの国際放送を聞いていたせいか、初受験した2006年9月でもリスニングセクション

さらにスコアアップ！

では460点ありました。驚くべきはリーディングセクションで、同じ2006年9月に335点だったのが、教室終了後の2006年11月に455点、2007年7月には480点と飛躍的に伸びています。

文法もよくわからず、私の文庫が半分の正解率だったTさんが、本格的に勉強を始めてわずか10カ月で900点を超えたわけです。

その分、勉強時間も半端ではなく、通勤時間を使ったリスニング2時間は別にして、毎日3時間、週末7時間の勉強を続けたそうです。週末の7時間は、朝1時間、午後2時間、夕方2時間、夜2時間と分けました。

今年48歳になるTさんが、やる気さえあれば不可能なことはない、ということを示してくれました。

私が「本当にすごいよねえ」と言うと、「いい本といい先生に出会えたおかげです」とおっしゃってくださいました。TOEICを勉強しよう、と思って最初に手にしたのが『1日1分レッスン！ TOEIC Test』です。「すごい人」のお役に立てて本当にうれしく、本を書いてよかったなあと思います。

6章

おさえよう、この単語・熟語

最近の公開TOEICテストでは、単語・熟語関連の問題が増えています。パート(5)(6)ともに、約半分が単語・熟語問題です。この章では、過去に出題された、あるいは出題されそうな、単語・熟語問題を取り上げています。

第1問

できたら……………○
できなかったら…×

● 次の選択肢の中から正しいものを選びなさい。

Most professors at the university were not overly concerned by what students wrote on their evaluation (　　).

Ⓐ receipt

Ⓑ form

Ⓒ claim

Ⓓ bill

【単語の意味】

overly [óuvərli] ……………… 過度に、非常に
concerned [kənsə́:rnd] ………… 懸念している、気遣っている

〈6章　おさえよう、この単語・熟語〉 **243**

〈答え〉 Ⓑ form

〈解説〉
単語の問題です。
単語の問題は英文を読んで全体の意味を考えなければなりません。
evaluation form は「評価表」という意味で、半分日本語になっています。
外資系企業で従業員を評価したり、大学などで学生が先生を評価したりする際に頻繁に使われており、そのままカタカナで、イバリュエーションフォーム、と言って使っているところも多いです。仕事で使っている人にとってはきわめて簡単な問題ですが、そうでない人の中には初めて目にする、という人もいるかもしれません。
実際に出題されたことのある単語ですが、この問題のように最近は、ビジネスで頻繁に使われている、簡単な表現や単語を問う問題が増えています。
近年、出題語彙の傾向が変わってきている、ということを頭に入れておきましょう。
パート(5)での出題の約半分は、語彙問題（熟語問題も含む）です。その意味で語彙問題は重要です。

〈問題文の訳〉
その大学の教授のほとんどは、学生が評価用紙に書いたことを気にしすぎてはいませんでした。

―――――― **おさえよう、この単語** ――――――
evaluation form は「評価表」という意味です。外資系企業では日本語のように当たり前に使っている単語です。

第2問

できたら……○
できなかったら…×

● 次の選択肢の中から正しいものを選びなさい。

The famous scientist told sponsors of the academic meeting that he would buy his airfare ticket but would like to be (　　) when he arrived at the conference.

Ⓐ allocated

Ⓑ reimbursed

Ⓒ recharged

Ⓓ repayable

【単語の意味】

academic [æ̀kədémik] ……………………専門の、学問的な
airfare [érfèr] ……………………………航空運賃
conference [kánfərəns] …………………会議

〈6章　おさえよう、この単語・熟語〉 **245**

〈答え〉 Ⓑ reimbursed

〈解説〉

単語の問題です。

単語の問題は英文を読んで全体の意味を考えなければなりません。

選択肢の中で意味が通るのは、Ⓑの reimbursed しかありません。

reimburse は「払い戻す」という意味の動詞ですが、TOEIC では、リスニングセクション、長文問題なども含め最近頻繁に出る単語です。

「個人が仕事の際の交通費や宿泊費を立て替え、後に会社に請求をして払い戻してもらう」というストーリーで出る場合が多いです。

Ⓐの allocated は「割り当てる」という意味の動詞、Ⓒの recharged は「再充電する」という意味の動詞、Ⓓの repayable は「払い戻しできる」という意味の形容詞で、どれもこの英文にはあてはまりません。

パート(5)の出題の半分を占める単語問題でどのような単語が出るかは、外資系企業で、日常業務で普段使用している単語が出る、と考えればいいでしょう。

〈問題文の訳〉

その有名な科学者は学術会議のスポンサーに、飛行機の切符は自分で買うが、会議場に到着した時に払い戻しをしてほしいと言いました。

―――――― おさえよう、この単語 ――――――

reimburse は「払い戻す」という意味の動詞で、ビジネスで頻繁に使われており、TOEIC にもよく出ます。

第3問

できたら………○
できなかったら…×

●次の選択肢の中から正しいものを選びなさい。

The government ruled that if a person made a (　　) to UNICEF, it could be tax-deductible in the same way that all contributions to international welfare organizations are at present.

Ⓐ evaluation

Ⓑ attempt

Ⓒ contribution

Ⓓ medicine

【単語の意味】

deductible [didʌ́ktəbl] ……………………………控除できる
contribution [kàntribjúːʃən] ……………………寄付、貢献
welfare organization ………………………………福祉団体

〈6章 おさえよう、この単語・熟語〉

〈答え〉 ⓒ contribution

〈解説〉

熟語の問題です。

contribute は「貢献する」という意味の動詞ですが、同じ意味で contribute の名詞の contribution を使って、「make a contribution」という言い方があり、頻繁に使われています。

似たような使い方で、reserve という動詞の代わりに、make a reservation を、improve の代わりに、make an improvement を使うことが多く、これらも知っておかなければならない熟語です。

ここでは、「make a contribution」の contribution を入れさせる問題になっていますが、make を入れさせる問題として出題されることもあります。

実際の TOEIC で出題されたことのある熟語です。覚えておきましょう。

〈問題文の訳〉

政府は、個人がユニセフに寄付をした場合、現在、すべての国際福祉団体組織への寄付がそうされているのと同様に、税金が免除されることを決めました。

―――――― **おさえよう、この熟語** ――――――

「make a contribution」で「貢献する」という意味の熟語です。よく使う表現なので覚えましょう。

第4問

できたら………○
できなかったら…×

●次の選択肢の中から正しいものを選びなさい。

Before expanding into a foreign market, the sales department did (   ) research on the sales results of similar companies in that market.

Ⓐ extensive

Ⓑ inclusive

Ⓒ spacious

Ⓓ prevalent

【単語の意味】

foreign market ………………………………海外市場、外国市場
sales department ……………………………営業部、販売部
sales result(s) ………………………………販売成績

〈答え〉Ⓐ extensive

〈解説〉
単語の問題です。
単語の問題は英文を読んで全体の意味を考えなければなりません。
extensive は「広範囲にわたる」という意味の形容詞で、ビジネスでよく使う単語です。
実際の TOEIC に出題された単語ですが、似た意味の熟語で「a wide range of（広範囲の）」があり、この表現もやはり、TOEIC に出題されたことがあります。
選択肢はすべて形容詞で、Ⓑの inclusive は「含めて」、Ⓒの spacious は「広々とした」、Ⓓの prevalent は「普及している」という意味で、この英文では使えません。
パート(5)の出題の約半分は、語彙問題（熟語問題も含む）です。その意味では語彙問題は重要です。

〈問題文の訳〉
海外市場へ進出する前に、営業部はその市場で活動している類似する企業の販売成績について広範な調査を行ないました。

────────**おさえよう、この単語**────────
extensive は「広範囲にわたる」という意味の形容詞で、ビジネスでよく使います。
a wide range of と同じ意味です。一緒に覚えましょう。

第5問

できたら………○
できなかったら…×

● **次の選択肢の中から正しいものを選びなさい。**

After his accident on the highway, he immediately (　　) a claim with his insurance company so that he could pay for the repairs that were done on his automobile.

Ⓐ fixed

Ⓑ filed

Ⓒ stated

Ⓓ consulted

【単語の意味】

immediately [imí:diətli] ……………………すぐに、即刻
claim [kléim] ……………………………………要求、申し立て
insurance company ……………………………保険会社
repair [ripéər] …………………………………修理

〈6章　おさえよう、この単語・熟語〉 251

〈答え〉 Ⓑ filed

〈解説〉

熟語の問題です。

file a claim で「支払い請求を起こす」という意味になります。

file には「申請する、提出する」などの意味があり、file を使ったさまざまな表現がビジネスで頻繁に使われます。

特に、file a tax return は「税の申告をする」、file a suit「告訴する」などがよく使われます。

Ⓐの fix は「固定する、直す」、Ⓒの state は「述べる」、Ⓓの consult は「相談する」で、いずれも英文の意味が通りません。

〈問題文の訳〉

高速道路での事故の後、彼は自動車の修理費が払えるように、すぐに保険会社に支払いを請求しました。

———————— **おさえよう、この熟語** ————————

file a claim で「支払い請求を起こす」という意味になり、ビジネスでよく使う表現です。

第6問

●次の選択肢の中から正しいものを選びなさい。

When the company discovered that its inventory was larger than usual, it decided immediately to decrease the annual (　　).

Ⓐ product

Ⓑ output

Ⓒ article

Ⓓ assembly

【単語の意味】

inventory [ínvəntɔ̀:ri]　　　　　　在庫
usual [jú:ʒuəl]　　　　　　　　　いつもの
immediately [imí:diətli]　　　　　早急に、すみやかに
decrease [dì:krí:s]　　　　　　　減らす、縮小する

〈答え〉 Ⓑ output

〈解説〉

単語の問題です。

単語の問題は英文を読んで全体の意味を考えなければなりません。

選択肢の中で意味が通るのは、Ⓑの output「生産高」しかありません。

output はビジネス関連のレポートや経済関連のニュースで頻繁に使われる単語です。

日頃からそのような英文を多く読んでいる人には簡単な問題ですが、そうでない人は output の別の意味の「出力」ととらえてしまい、間違える人もいるかと思います。

ちなみに、Ⓐの product は「製品」、Ⓒの article は「記事」、Ⓓの assembly は「会合、組み立て」という意味で、どれもこの英文にはあてはまりません。

パート(5)の出題の半分を占める単語問題の大半を正解したい人は、日頃からビジネス系の英文を読むようにしましょう。

〈問題文の訳〉

その会社は在庫が通常より多いとわかったときに、すぐに年間の生産量を減らすことに決めました。

―――――― **おさえよう、この単語** ――――――

output「生産高、出力」という意味ですが、ビジネス関連のレポートなどで使われている場合は、「生産」という意味で使われている場合が大半です。

第7問

できたら……○
できなかったら…×

●次の選択肢の中から正しいものを選びなさい。

The two companies sold comparable compact cars, but only one of them was successful because of its (   ) price.

Ⓐ compete

Ⓑ competent

Ⓒ competitive

Ⓓ competency

【単語の意味】

comparable [kάmpərəbl] ……………比較できる、匹敵する
successful [səksésfl] ……………………成功する、上出来の

〈6章 おさえよう、この単語・熟語〉 255

〈答え〉 Ⓒ competitive

〈解説〉

単語の問題です。

単語の問題は英文を読んで全体の意味を考えなければなりません。

Ⓒの competitive「競争力のある」という意味の形容詞であれば英文の意味が通ります。

Ⓐの compete は「競争する」という意味の動詞、Ⓑの competent は「有能な」という意味の形容詞、Ⓓの competency は「能力」という意味の名詞で、この英文では使えません。

似たような単語が並んでいるので、普段から英文を読み慣れていないと少し時間がかかります。英文を読み慣れている人は、英文を見た途端すぐに「competitive」が選べると思います。実際に TOEIC に出題されたことのある単語です。

パート(5)での出題の約半分は、語彙問題（熟語問題も含む）です。その意味で語彙問題は重要です。

〈問題文の訳〉

その2社は類似の小型自動車を販売しましたが、そのうち1社のみが競争力のある価格のおかげで成功しました。

────── **おさえよう、この単語** ──────

competitive は「競争力のある」という意味の形容詞です。ビジネス関連のレポートや経済関連の記事で頻繁に使われる単語です。

第8問

できたら……○
できなかったら…×

● 次の選択肢の中から正しいものを選びなさい。

The company made long-term plans, but was unable to (　　) them due to lack of qualified personnel.

Ⓐ succeed

Ⓑ implement

Ⓒ specify

Ⓓ dispatch

【単語の意味】

due to ··· ～のせいで、～が原因で
lack [lǽk] ··· 不足、欠乏
qualified [kwάləfàid] ······················· 適任の、資格のある
personnel [pə̀ːrsənél] ······················· 人材

〈6章 おさえよう、この単語・熟語〉 257

〈答え〉 Ⓑ implement

〈解説〉

単語の問題です。

単語の問題は英文を読んで全体の意味を考えなければなりません。

選択肢の中で意味が通るのは、Ⓑの implement「実行する」しかありません。

implement はビジネスで頻繁に使われる単語です。

ちなみに、Ⓐの succeed は「成功する」、Ⓒの specify は「明記する、特定する」、Ⓓの dispatch は「発送する、派遣する」という意味で、どれもこの英文にはあてはまりません。

パート(5)の出題の半分を占める単語問題の大半を正解したい人は、日頃からビジネス系の英文を読むようにしましょう。

〈問題文の訳〉

会社は長期計画を立てましたが、適任の人材がいなかったためそれを実施することができませんでした。

―――――― おさえよう、この単語 ――――――

implement「実行する」という意味の動詞で、ビジネス関連のレポートのみでなく会議やプレゼンテーション等でも頻繁に使われる単語です。

第9問

●次の選択肢の中から正しいものを選びなさい。

The meeting was not harmonious until a (　　) was reached on the thorny problem.

Ⓐ dispute

Ⓑ consensus

Ⓒ sympathy

Ⓓ retention

【単語の意味】

harmonious [hɑːrmóuniəs] ……… 調和のとれた、和合した
thorny [θɔ́ːrni] ……………………… 厄介な、困難な

〈6章　おさえよう、この単語・熟語〉 259

〈答え〉 Ⓑ consensus

〈解説〉
単語の問題です。
「consensus」は「(意見の) 一致、合意」という意味の名詞です。
reach a consensus で、「合意に達する」という意味になり、ビジネス、特に会議等で頻繁に使われます。
この英文は、reach a consensus という表現が受身形になっているだけです。
仕事で英語を使っている人は、普段からよく使っている表現のはずで、英文を見た途端にすぐにわかるはずです。
単語の問題は英文を読んで、意味を考えなければなりません。
単語の問題は、英語を読み慣れていない人や、単語力のない人は、そうでない人に比べ少し長めに読まなければならないので、時間がかかります。
実際の TOEIC に出題されたことのある単語です。
パート(5)の出題の約半分は、語彙問題(熟語問題も含む)です。その意味では語彙問題は重要です。

〈問題文の訳〉
会議は、その厄介な問題に関して合意に達するまで円滑には進みませんでした。

―――――― **おさえよう、この単語** ――――――
reach a consensus では「合意に達する」という意味になります。consensus はビジネスで頻繁に使う単語で、他にも without consensus「合意なしで」が過去に出題されたことがあります。

第10問

できたら………○
できなかったら…×

● 次の選択肢の中から正しいものを選びなさい。

The company announces an increase in the bonus for the next quarter as an (　　) to increase production among the workers.

Ⓐ interest

Ⓑ explanation

Ⓒ incentive

Ⓓ action

【単語の意味】

increase [ínkriːs] ……………………………………増加、増大
quarter [kwɔ́ːrtər] ……………………………………四半期
production [prədʌ́kʃən] ……………………………製造、生産

〈6章　おさえよう、この単語・熟語〉 261

〈答え〉 Ⓒ incentive

〈解説〉

単語の問題です。

「incentive」は「報奨金、奨励金」という意味の名詞です。最近は、日本語としてカタカナ表記で使っている企業も多いようです。ここでは「刺激策」の意味で使われています。

単語の問題は英文を読んで、英文全体の意味を考えなければなりません。

空欄直前の、「as an ～～．(として)」が大きなヒントにはなりますが、やはり英文全体を読まなければ正答にたどりつきにくいかと思います。

単語の問題は、英語を読み慣れていない人や、単語力のない人は、そうでない人に比べ少し長めに読まなければならないので、時間がかかります。

外資系企業で仕事をしている人は使い慣れている単語で、簡単な問題だと思います。過去に数度出題されている単語です。

パート(5)の出題の約半分は、語彙問題（熟語問題も含む）です。その意味では語彙問題はとても重要です。特にビジネスで頻繁に使われる単語は覚えておきましょう。

〈問題文の訳〉

会社は労働者間に生産増加に対するやる気を起こさせる策として、次の四半期のボーナス増額を発表しています。

―――――― **おさえよう、この単語** ――――――

「incentive」は「報奨金、奨励金」という意味の名詞で、外資系企業ではすでに日本語と同様に、カタカナ表記で使っています。

第11問

●次の選択肢の中から正しいものを選びなさい。

Inflation today is caused by excessive money supply rather (　　) rising consumer spending, which is what most economists believe.

Ⓐ to

Ⓑ of

Ⓒ than

Ⓓ as

【単語の意味】

excessive [iksésiv] ……………過度の、過剰な
money supply ……………マネーサプライ、貨幣供給量
consumer spending ……………消費者支出

〈答え〉 ⓒ than

〈解説〉

熟語の問題です。

「A rather than B」は、「B よりはむしろ A」という意味の熟語です。

「rather than」はよく使う表現で、TOEIC にも時々出ます。
この問題の場合、空欄の直前に rather があるので選択肢は than かな、とあたりをつけてください。than が書かれていて「rather」の部分が空欄になって出題される場合もあります。
どちらが空欄でもできるようにしましょう。

熟語の問題は同じような熟語が、繰り返し出題されることが多いので、語彙問題に比べると勉強の効果が出やすいです。

〈問題文の訳〉

今日のインフレは、大半のエコノミストが信じているように、消費者支出の増大ではなく、むしろ過剰なマネーサプライによって引き起こされています。

―――――――おさえよう、この熟語―――――――

「A rather than B」は「B よりはむしろ A」という意味の熟語で、よく使います。
TOEIC にも時々出る熟語です。

第12問

できたら……………○
できなかったら…×

● 次の選択肢の中から正しいものを選びなさい。

The art magazine, which was cheap, was ( ) to by mostly students at art schools in London.

Ⓐ described

Ⓑ expressed

Ⓒ subscribed

Ⓓ entitled

【単語の意味】

mostly [móustli] ……………主に

〈6章 おさえよう、この単語・熟語〉 265

〈答え〉 Ⓒ subscribed

〈解説〉

単語の問題です。

「subscribe」は「予約購読する、定期購読する」という意味の動詞です。

TOEICではパート(5)でも出題されますが、パート(7)の長文読解の長文で使われることも多い単語です。

単語の問題は英文を読んで、意味を考えなければなりません。

この英文の場合、subscribeでなければ意味が通りません。

subscribeの受身形を入れれば正解になります。

(〜を)「予約購読する、定期購読する」という場合、subscribeの後ろにtoが続き、toの後ろに「予約購読する、定期購読する」雑誌名がきます。

名詞のsubscription「予約購読、定期購読」や、人を表す場合のsubscriber「予約購読者、定期購読者」もTOEICでよく使われる単語なので一緒に覚えましょう。

パート(5)の出題の約半分は、語彙問題（熟語問題も含む）です。その意味では語彙問題は重要です。

〈問題文の訳〉

その芸術雑誌は値段が安く、主にロンドンの美術学校の学生たちによって予約購読されていました。

――――――――― **おさえよう、この単語** ―――――――――

「subscribe」は「予約購読する、定期購読する」という意味の動詞で、TOEICでは全パートを通して頻繁に使われる単語です。

第13問

できたら……………○
できなかったら…×

●次の選択肢の中から正しいものを選びなさい。

Students are (　　) that they are strictly prohibited from cheating in an examination.

Ⓐ remembered

Ⓑ reminded

Ⓒ forgot

Ⓓ foreseen

【単語の意味】

strictly [stríktli] ……………………………… 厳しく
prohibit [prouhíbət] ……………………………… 禁止する
cheat [tʃíːt] ……………………………… カンニングする

〈6章　おさえよう、この単語・熟語〉 **267**

〈答え〉 Ⓑ reminded

〈解説〉
単語の問題です。
正解は、Ⓑの reminded です。
この場合は受身形の英文なので、「be reminded」の形になっています。
「remember」を選んで間違う人が多い問題です。「remind」が正答となる問題の選択肢には「remember」が入っている場合が大半です。
remind と remember の違いをしっかり覚えてください。
「remind」は、「(人に) ~ということを気づかせる、思い起こさせる」
「remember」は、「~を思い出す、思い起こす」です。
この問題の場合、「不正行為が禁じられていることを思い起こさせる」という意味ですから、正解は「remind」で、その受身形の「reminded」が答えになります。

〈問題文の訳〉
学生は、試験中の不正行為は固く禁じられているということを肝に銘じておかなければなりません。

―――――― **おさえよう、この単語** ――――――

「remind」は、「(人に) ~ということを気づかせる、思い起こさせる」
「remember」は、「~を思い出す、思い起こす」です。
2つの単語の違いを、再確認しましょう。

第14問

できたら……………○
できなかったら…×

● 次の選択肢の中から正しいものを選びなさい。

Since the soil is ( ) for the growth of onions, Awajishima has become well known for the production of onions.

Ⓐ favorable

Ⓑ favorite

Ⓒ favoring

Ⓓ favor

【単語の意味】

soil [sɔ́il] ……………………………………土壌、土地
growth [gróuθ] ……………………………成長
well known ………………………………よく知られた
production [prədʌ́kʃən] …………………生産、生産量

〈6章 おさえよう、この単語・熟語〉 269

〈答え〉 Ⓐ favorable

〈解説〉

単語の問題です。

「favorable」は「良好な、順調な」という意味の形容詞です。正答として「favorite」を選んだ人が多いのではないかと思います。「favorite」は人の好みを表す形容詞で「お気に入りの」という意味です。また、名詞としても使われ、名詞で使う場合は「お気に入り」という意味になります。

「favor」は、名詞で「恩恵、親切」、他動詞で「〜を好む、〜を助ける」という意味なので、ここでは使えません。

「favorable」は、単語の問題として時々出ます。

〈参考〉

「〜 able」と、able で終わっている単語は形容詞です。単語の問題でも品詞から考えて、正答を導き出せる問題もあるので覚えておきましょう。

〈問題文の訳〉

土壌がタマネギの生産に向いているので、淡路島はタマネギの産地として有名になりました。

―――――― **おさえよう、この単語** ――――――

「favorable」は「良好な、順調な」という意味の形容詞です。「favorite」と間違えないようにしましょう。

第15問

●次の選択肢の中から正しいものを選びなさい。

All employees are ( ) to participate in a cafeteria plan, which will start from next year.

Ⓐ eligible

Ⓑ interested

Ⓒ favorable

Ⓓ substantial

【単語の意味】

employee [emplɔ́ii:] ……………………………………従業員
participate [pɑːrtísəpèit] ……………………………参加する

〈6章 おさえよう、この単語・熟語〉 271

〈答え〉 Ⓐ eligible

〈解説〉

熟語の問題です。

熟語の問題も日頃ビジネスの現場や日常生活の中でよく使われている表現が出題される場合が多いです。

「be eligible to ～」はビジネスでよく使われる熟語で、「～する資格がある」という意味です。

TOEIC では、有給休暇をとる資格がある、などのような人事的な内容で使われることが多いです。

〈英語と関係ないけど〉

cafeteria plan（カフェテリアプラン）という言葉は最近よく耳にします。

企業の福利制度で、企業から与えられた一定の給付権の範囲内で、従業員が自分に適した給付メニューを選択できる制度のことです。

確定拠出年金制度の関係で耳にした方もいらっしゃるのではないでしょうか。

〈問題文の訳〉

全従業員が、来年から始まるカフェテリアプランに参加する資格があります。

──────── **おさえよう、この熟語** ────────

「be eligible to ～」は「～する資格がある」という意味です。

第16問

できたら……………○
できなかったら…×

● 次の選択肢の中から正しいものを選びなさい。

Business activity continued to ( ) at an inflationary pace.

(A) extend

(B) adjust

(C) expand

(D) raise

【単語の意味】

business activity ……………………………… 景気
inflationary [infléiʃənèri] ……………………… インフレの

〈6章 おさえよう、この単語・熟語〉 **273**

〈答え〉 Ⓒ expand

〈解説〉

単語の問題です。

選択肢の中で特にⒶの extend と、Ⓒの expand は意味が似ているため、迷った人が多いと思います。

「expand」は「拡大する」で、「extend」は、「拡張する、延長する」ですが、「expand」は、景気の拡大とかビジネスの拡大などを表現する場合に使われ、そのもの全体が拡大する感じと覚えてください。

一方、「extend」は、ビザの延長とか契約期間の延長、電話線の延長、延長コードなどを表現する場合に使われ、どちらかというと、横の広がりを表す場合に使うと覚えておいてください。ちなみに、電話の内線に Ext. と書いてある会社がありますよね。あれは「extension」(内線)のことです。

今の TOEIC は、パート(5)の半分が熟語問題を含む語彙問題です。

語彙問題、特に単語関連の問題の場合、出題される単語のあたりをつけにくいことが多いです。

特に最近は、ビジネス関連の語彙の出題が増えているので、日頃からビジネスがらみの英文を読むようにし、その中で覚えていくのがいいでしょう。

〈問題文の訳〉

景気はインフレ的なテンポで拡大しつづけました。

―――― おさえよう、この単語 ――――

「expand」は「拡大する」で、「extend」は「拡張する、延長する」です。

第17問

できたら……………○
できなかったら…×

●次の選択肢の中から正しいものを選びなさい。

Since job openings are becoming scarce, many ( ) applicants responded to the company's recruiting offers.

Ⓐ quality

Ⓑ affordable

Ⓒ qualified

Ⓓ favorable

【単語の意味】

job opening …………………………仕事口、勤め口
scarce [skéərs] ……………………少ない、不足して
applicant [ǽplikənt] ………………応募者、志願者、申込者
respond [rispánd] …………………応じる、答える
offer [ɔ́fər] …………………………申し出

〈答え〉 Ⓒ qualified

〈解説〉

単語の問題です。

「qualified」は「適任の、資格がある」という意味の形容詞です。空欄直後の「applicant（応募者）」という単語が大きなヒントになります。

英字新聞の求人広告には、「qualified applicants are 〜（適任者は〜）」という文章が頻繁に使われます。

「qualified」と「applicant」は、セットで覚えておくといいでしょう。パート(7)の長文読解でも、求人広告が出ることが多く、qualified applicants という表現も出てきます。

Ⓐ〜Ⓓの選択肢の単語の意味は下記のとおりです。

Ⓐ quality…資質、良質
Ⓑ affordable…価格が手ごろな、手に届く
Ⓒ qualified…資格のある、適任の
Ⓓ favorable…好意的な、都合のいい

今の TOEIC は、パート(5)の半分が熟語問題を含む語彙問題です。求人広告も含め、ビジネスでよく使う表現は要注意です。

〈問題文の訳〉

仕事の口が減ってきているので、その会社の求人には多くの適任者が応募してきました。

―――― **おさえよう、この単語** ――――

「qualified」は「適任の、資格がある」という意味の形容詞です。「qualified applicants are 〜（適任者は〜）」の形で覚えておくと便利です。

第18問

●次の選択肢の中から正しいものを選びなさい。

The ABC Company transferred numbers of administrative staff at the head office to branch offices without ( ).

Ⓐ report

Ⓑ sign

Ⓒ advance

Ⓓ notice

【単語の意味】

transfer [trænsfə́:r]
　　　　　……移動させる、転勤させる、(電話を) 転送する
numbers of ……多数の
administrative staff ……管理職員
head office ……本社
branch office ……支店、営業所

〈答え〉 ⓓ notice

〈解説〉

熟語の問題です。

「without notice」は「予告なく、前触れなく」という意味で、よく使われる表現です。英語に慣れていない人で「without notice」という表現を知らない場合でも、英文全体の意味を考えてあたりをつければ、notice が残るのではないでしょうか。

単語の問題で、選択肢の単語4つとも知らない場合は無理ですが、この問題のように他の単語の意味が何となくわかる場合は、消去法を使えば解ける場合があります。

他にも例えば、

「beyond control」（制御できない、自由にならない）
「out of order」（調子が悪い、故障して）
「out of service」（休止中で、使われなくなって）
「behind the schedule」（スケジュールに遅れて）

など日常生活、およびビジネスでよく使われる表現から、出題されることが多いです。

〈問題文の訳〉

ABC 社は、本社の管理部門のかなりの人員を、予告なく支社へ配置転換させました。

―――――― **おさえよう、この熟語** ――――――

「without notice」は「予告なく、前触れなく」という意味です。notice を使った熟語は時々出ます。

第19問

できたら……○
できなかったら…×

● 次の選択肢の中から正しいものを選びなさい。

Most consumer electronics makers benefited ( ) the relocation of manufacturing facilities for electrical appliances overseas.

Ⓐ for

Ⓑ to

Ⓒ from

Ⓓ without

【単語の意味】

consumer electronics maker ……………家電メーカー
benefit [bénəfit] …………………………………利益を上げる
relocation [rilòukéiʃən] ………………………移転
facility [fəsíləti] …………………………………施設
electrical appliances ……………………………家電

〈6章 おさえよう、この単語・熟語〉 279

〈答え〉 Ⓒ from

〈解説〉

熟語の問題です。

「benefit from ～」で「～によって利益を得る」という意味の熟語です。

特にビジネスで頻繁に使われる表現なので、覚えておきましょう。

benefit for とか benefit to などの表現はできません。

また、without では意味が通じません。

今の TOEIC はパート(5)の半分が語彙関連（熟語問題も含む）の問題です。熟語の問題は単語の問題と違い、同じような熟語が繰り返し出題されます。『公式問題集』等を解いて、よく出てくる表現は必ず覚えておきましょう。

〈問題文の訳〉

ほとんどの家電メーカーは、家電製品を製造する施設を海外に移転することで利益を得ました。

―――――――――――**おさえよう、この熟語**―――――――――

「benefit from ～」は「～によって利益を得る」という意味の熟語で、よく使われる表現です。

第20問

できたら…………○
できなかったら…×

●次の選択肢の中から正しいものを選びなさい。

The way you can stay in the US for another one year is to get an (　) of your visa from immigration.

Ⓐ extension

Ⓑ delay

Ⓒ suspension

Ⓓ expansion

【単語の意味】

immigration [ìmigréiʃən]
　……………………出入国管理事務所、移住、入国（者）

〈6章　おさえよう、この単語・熟語〉 281

〈答え〉 Ⓐ extension

〈解説〉
単語の問題です。
ビザの延長とか契約期間の延長、電話線の延長、延長コード等、横への広がりを表現する場合には「extend (extension)」を使います。この単語が問題として取り上げられる場合、「expand (expansion)」と「extend (extension)」で比較する場合が多いので、使い方の違いを覚えましょう。

〈問題文の訳〉
アメリカにもう1年滞在する方法とは、出入国管理事務所でビザの延長をしてもらうことです。

―――――――おさえよう、この単語―――――――
「expand」は「拡大する」で、
「extend」は「拡張する、延長する」です。
「extend」は、ビザの延長とか契約期間の延長、電話線の延長、延長コード等を表す場合に使われます。
expand の名詞が expansion、extend の名詞が extension です。

第21問

●次の選択肢の中から正しいものを選びなさい。

We made special efforts to make ( ) in developing new technology for extracting petroleum.

Ⓐ improving

Ⓑ improvements

Ⓒ improved

Ⓓ improve

【単語の意味】

make efforts ……………………努力する
develop [divéləp] ……………………開発する
technology [teknálədʒi] ……………技術
extract [ikstrǽkt] ……………………抽出する、絞り取る
petroleum [pətróuliəm] ………………石油

〈6章 おさえよう、この単語・熟語〉 283

〈答え〉 Ⓑ improvements

〈解説〉
熟語の問題です。

「make improvements」は「改良する、改善する」という意味で、よく使われる熟語です。

頻出熟語の中でも、「make」、「take」、「meet」、「conduct」を使った熟語はよく出題されます。

take を使った「take measures（手段を講じる）」、

meet を使った「meet a/the deadline（締め切りに間に合わせる）」、

conduct を使った「conduct a survey（調査を行なう）」などがよく出ています。

これらの熟語は覚えておくとビジネスでの会話にも使えて便利です。

熟語の問題は単語の問題に比べると、候補となる熟語数はそれほど多くないので、対処しやすいと思います。

〈問題文の訳〉
我々は、石油採掘の新技術の開発において、改善をはかるため、ことのほか努力しました。

―――――――― **おさえよう、この熟語** ――――――――
「make improvements」は「改良する、改善する」という意味です。make 以外でも、take や meet や conduct を使った表現は大事です。

第22問

できたら……………○
できなかったら…×

● 次の選択肢の中から正しいものを選びなさい。

That ABC Automobile ( ) DEF Automobile is a sign of the growing internationalization of the auto industry.

Ⓐ took out

Ⓑ took off

Ⓒ took over

Ⓓ took away

【単語の意味】

growing [gróuiŋ] ……………………………… 増大する、高まる
internationalization [ìntərnæʃənləzéiʃən]
……………………………………………………… 国際化
auto industry ………………………………… 自動車産業

〈答え〉 Ⓒ took over

〈解説〉
熟語の問題です。
今の TOEIC は、パート(5)の半分が熟語問題を含む語彙問題です。
特に最近は、ビジネス関連の語彙、熟語の出題が増えているので、ビジネスがらみの英文に出てきそうな熟語は覚えましょう。
「take over」は、「(事業を) 引き取る、(経営権を) 買い取る、(会社を) 買収する」という意味でビジネスで頻繁に使われる表現なので覚えておくと便利です。特に昨今の M&A ブーム下では頻繁に使われる熟語です。
新聞等で目にする「TOB (株式公開買い付け)」は「take-over bid」の略称です。
他の選択肢の意味は以下の通りです。
Ⓐ take out…～を取り出す、～を持ち出す
Ⓑ take off…離陸する、(事が) うまくいき始める
Ⓓ take away…取り去る、持ち去る、連れ去る

〈問題文の訳〉
ABC 自動車が DEF 自動車を買収したことは、自動車産業の国際化が進んでいるということを表すものです。

―――――――― **おさえよう、この熟語** ――――――――
「take over」は、「(会社を) 買収する」という意味で、ビジネスでよく使う表現です。

第23問

できたら………○
できなかったら…×

● 次の選択肢の中から正しいものを選びなさい。

To everyone's surprise, the Black Corporation's affiliated company in the Bahamas ( ) to be a conduit company for channeling secret payment abroad.

Ⓐ turned off

Ⓑ turned down

Ⓒ turned out

Ⓓ turned away

【単語の意味】

to one's surprise ……………………………… 驚いたことには
affiliated company …………………………… 関連会社
conduit company ……………………………… トンネル会社
channel [tʃǽnl] ………………………………… (水路で) 運ぶ
abroad [əbrɔ́ːd] ………………………………… 海外に、海外へ

〈6章 おさえよう、この単語・熟語〉 287

〈答え〉 Ⓒ turned out

〈解説〉
熟語の問題です。
熟語の問題だけで、パート(5)と(6)を合わせると 5 問前後の出題があります。
「turn out to be ～」で、「～と判明する、結局は～になる」という意味で頻繁に使われる表現です。英語を使い慣れている方にとっては簡単な問題です。
出題されやすいのは、会話でよく使われている、またはビジネスで頻繁に使われている熟語です。
ビジネス系の英文を読みながら、頻繁に出てくる熟語を覚えましょう。

〈問題文の訳〉
誰もが驚いたことに、ブラックコーポレーションのバハマにある関連会社は、海外で裏の支払いをするトンネル会社であることが判明しました。

──────**おさえよう、この熟語**──────
「turn out to be ～」は、「～と判明する、結局は～になる」という意味で頻繁に使われる熟語です。

第24問

できたら………○
できなかったら…×

●次の選択肢の中から正しいものを選びなさい。

Because my digital camera was out of order yesterday, I asked the appliance store to fix the defects for free since it was still (　) warranty.

Ⓐ for

Ⓑ with

Ⓒ under

Ⓓ as

【単語の意味】

out of order ……………………故障して、調子が悪い
appliance [əpláiəns] ……………電気器具
fix [fíks] …………………………修理する（= repair）
defect [díːfekt] …………………欠陥、不具合
for free …………………………無料で
warranty [wɔ́ːrənti] ……………保証

〈6章 おさえよう、この単語・熟語〉 289

〈答え〉 Ⓒ under

〈解説〉

熟語の問題です。

「under warranty」で「保証期間中で」という意味になり、よく使われる熟語です。覚えていないとわかりませんが、ある程度英語に接している方は察しがつくのではないかと思います。英語に多く接していると、前置詞や動詞に何が適しているか上手に察しをつけられるようになります。

「under」には元々「〜のもとで」という意味があります。

ですから、「under warranty」で、「保証期間のもとで」という意味になり、パート(7)の長文読解問題で出ることもあります。

〈問題文の訳〉

私のデジタルカメラが昨日故障したので、まだ保証期間中だったため家電販売店に無料で修理をしてもらうように頼みました。

──────────**おさえよう、この熟語**──────────

「under warranty」は「保証期間中で」という意味でよく使われる熟語です。

第25問

できたら………○
できなかったら…×

● 次の選択肢の中から正しいものを選びなさい。

The board of directors has announced that the early retirement plan which is to be introduced next year will be ( ) to union employees over 55 and managers over 50.

Ⓐ convenient

Ⓑ useful

Ⓒ subject

Ⓓ available

【単語の意味】

board of directors ……………………取締役会
early retirement ………………………早期退職
introduce [intrədúːs] …………………導入する、取り入れる
union [júːnjən] …………………………労働組合
employee [emplɔ́iiː] ……………………従業員
manager [mǽnidʒər] …………………経営者、管理職、部長

〈6章 おさえよう、この単語・熟語〉 291

〈答え〉 Ⓓ available

〈解説〉
単語の問題です。
「available」は「利用可能な、利用できる」という意味の形容詞です。この英文の場合、形容詞の「available」でなければ意味が通じません。
Ⓐの convenient は「便利な」という意味の形容詞、
Ⓑの useful は「役立つ」という意味の形容詞、
Ⓒの subject は名詞も形容詞もありますが、形容詞の subject を使った「be subject to（〜を条件とする）」という表現はビジネスで頻繁に使うため、TOEIC にも出ることがあります。

〈問題文の訳〉
来年導入予定の早期退職優遇制度は、55 歳を超えた労働組合加入従業員と、50 歳を超えた管理者が利用できると、取締役会は発表しました。

──────── おさえよう、この単語 ────────
「available」は「利用可能な、利用できる」という意味の形容詞です。
時々出題される単語なのでマークしておきましょう。

第26問

できたら……………○
できなかったら…×

● 次の選択肢の中から正しいものを選びなさい。

The Williams Corporation has ( ) a further step to ban job discrimination against women in the workplace and bring its traditional corporate culture in line with international standards.

Ⓐ made

Ⓑ met

Ⓒ done

Ⓓ taken

【単語の意味】

further [fə́ːrðər] ······················ さらなる
ban [bǽn] ····························· 禁止する
job discrimination ··············· 仕事上の差別
workplace [wə́ːrkplèis] ············ 職場
traditional [trədíʃənl] ············· 伝統的な
in line with ·························· 〜に即して、〜に照らして

〈6章 おさえよう、この単語・熟語〉 293

〈答え〉 ⑩ taken

〈解説〉
熟語の問題です。

「take a step（take steps）」は、「手段を講じる、策を施す」という意味で、よく使う表現です。

熟語の問題だけで、パート(5)、パート(6)の両方を合わせて、5問前後出題されます。

中でも、「make」、「take」、「meet」を用いた熟語の出題は多いように思います。日頃からビジネス系の英文を読むようにし、「make」、「take」、「meet」、「conduct」等を使った熟語が出てきたらマークするようにしましょう。

熟語の問題は、同じような表現が繰り返し出題されます。

〈問題文の訳〉
ウィリアムズ・コーポレーションは、職場での女性差別を禁止し、同社の伝統的な企業文化を国際基準に合わせるための、さらなる手段を講じました。

---——————**おさえよう、この熟語**——————

「take a step（take steps）」は、「手段を講じる、策を施す」という意味の熟語で、TOEICにも時々出題されます。

第27問

●次の選択肢の中から正しいものを選びなさい。

Full-time employees in Japan, through the new law, are now (　) to overtime payments for any hours worked beyond forty hours a week.

Ⓐ assigned

Ⓑ titled

Ⓒ subject

Ⓓ entitled

【単語の意味】

full-time employee ……………………常勤者
overtime payment ……………………残業手当
beyond [bijánd] ……………………～を過ぎて、～を超えて

〈答え〉 Ⓓ entitled

〈解説〉
熟語の問題です。
「be entitled to ～」で、「～の権利（資格）がある」という意味で、よく使われる熟語です。
英文全体の意味を考えると空欄に入るのは entitled しかありません。時々出題される熟語です。仕事で英語を使い慣れている人にとっては簡単な表現ですが、英語に慣れていない人にとっては初めて見る単語かもわかりません。
「熟語の問題」は「語彙の問題」に比べると、候補となる熟語がある程度絞れるため、対処しやすいかと思います。
4～5回続けて受けると、同じような熟語が出てくるのがわかります。TOEICテストの最近の出題傾向に沿って書かれている問題集を探し、その問題集を解きながら、頻繁に出てくる熟語を覚えていくか、ビジネス系の英文を読む習慣をつけ、よく出る熟語を覚えるといいでしょう。

〈問題文の訳〉
日本のフルタイムの従業員は、現在、新しい法律により週40時間を超える労働時間については残業手当を受け取る権利が与えられています。

―――――― **おさえよう、この熟語** ――――――
「be entitled to ～」で、「～の権利（資格）がある」という意味の熟語です。
よく使われる表現で、時々出題される熟語です。

第28問

できたら……………○
できなかったら…×

● 次の選択肢の中から正しいものを選びなさい。

The government continues to be concerned that part of the fall in inflation can be ( ) to depressed domestic demand.

(A) demonstrated

(B) contributed

(C) attributed

(D) charged

【単語の意味】

concerned [kənsə́:rnd] ……………………懸念して
inflation [infléiʃən] …………………………インフレ、景気悪化
depressed [diprést] …………………………不振の、不景気の
domestic demand ……………………………内需

〈6章 おさえよう、この単語・熟語〉 **297**

〈答え〉 Ⓒ attributed

〈解説〉

熟語の問題です。

「A is attributed to B」で「A は B のせいである」という意味でよく使われる熟語です。

「A is attributed to B」は「attribute A to B」という表現の A が主語になって受身形として使われている表現です。

TOEIC では、受身形で出ることが多いですが、能動態「attribute A to B」で出てもできるようにしておきましょう。受身形に比べ出題頻度は下がりますが、能動態で出ることもあります。

〈問題文の訳〉

インフレ率低下の一因は内需の落ち込みではないかと、政府は引き続き懸念しています。

―――――――――**おさえよう、この熟語**―――――――――

「A is attributed to B」で「A は B のせいである」という意味の熟語です。

「attribute A to B」という表現と合わせて覚えておきましょう。

第29問

できたら………○
できなかったら…×

●次の選択肢の中から正しいものを選びなさい。

We aim to reduce our total production by ( ) 8,000 by the end of March 2020.

Ⓐ approximately

Ⓑ particularly

Ⓒ exact

Ⓓ approximate

【単語の意味】

aim to 〜 ……………………………〜しようと狙っている
reduce [ridúːs] ……………………削減する、減らす
total production ……………………全生産量

〈6章 おさえよう、この単語・熟語〉 299

〈答え〉 Ⓐ approximately

〈解説〉
単語の問題です。

approximately は、「およそ、約」という意味でよく使われる副詞ですが、意外と知らない人が多い単語です。よく出る単語なので、ここで覚えてください。

「approximately」の使い方を覚えておくと、TOEIC 以外でも、英文を書いたり、会話をする際に役に立ちます。

副詞は動詞、形容詞、他の副詞、副詞句を修飾します。この英文の場合、「approximately」は「by 8000」という副詞句を修飾しています。

Ⓒの exact もⒹの approximate もともに形容詞と動詞両方の働きをしますが、副詞ではありません。

〈問題文の訳〉
我々は、2020 年の3 月までに総生産量をおよそ 8000 減らすことを目標にしています。

――――――――**おさえよう、この単語**――――――――

「approximately」は、「およそ、約」という意味の副詞で、よく使われます。
TOEIC にもよく出る単語です。

第30問

できたら……○
できなかったら…×

● 次の選択肢の中から正しいものを選びなさい。

(　) over rising unemployment has caused consumers to tighten their belts.

(A) Request

(B) Demand

(C) Concern

(D) Increase

【単語の意味】

unemployment [ʌ̀nimplɔ́imənt] ……………失業率、失業
cause [kɔ́ːz] …………………………………〜を引き起こす
consumer [kənsúːmər] ………………………消費者
tighten [táitn] …………………………………かたく締める
tighten one's belt …………………………倹約する

〈6章 おさえよう、この単語・熟語〉 301

〈答え〉 ⓒ Concern

〈解説〉

熟語の問題です。

穴埋め問題では、空欄の前後の単語がヒントになることが多いですが、この問題もそうです。

空欄の後ろが「over」です。「over」が後ろに続く名詞で、かつ全体の意味が通れば正解、ということになります。

この問題の場合、「over」が後ろに続くのは「Concern」しかないので、全文を読む必要はありません。

「concern over ～」で「～に対する懸念」です。

〈参考〉

「concern about」も頻繁に使います。「concern over」と同じ意味です。

「concern about」も、「concern over」も、時々出題される熟語です。

〈問題文の訳〉

失業率が増加しつつあることへの懸念が、消費者の財布の口を固くさせています。

――――――**おさえよう、この熟語**――――――

「concern over ～」で「～に対する懸念（心配）」という意味でよく使います。

「concern about ～」も同じ意味です。

さらにスコアアップ！

【IPテストについて】

最近、多くの企業が「IPテスト」と呼ばれる企業受験のTOEICを従業員に受けさせるようになりました。こうした企業はTOEICの点数を、昇進や海外派遣の参考に使っているようです。

企業受験のTOEICテストも一般受験の公開TOEICテストも同じ内容だと思っている人が多いのですが、実は違います。IPテストと呼ばれる企業受験のTOEICは、公開TOEICテストの過去問題を中心に作成されていると言われています。

元教室生や読者の報告によれば、TOEIC改変後まだ2年未満のため、現在のIPテストはTOEIC改変直後のテスト出題傾向を大きく反映しているようです。つまり、パート(7)の長文読解問題だけはIPテストの方が難しいけれど、他のパートは現在の公開テストに比べ簡単で、点数も若干高いようです。パート(7)の長文読解問題が難しいのは、改変直後当時のテストは、問題文が長い問題が多かったので、それを反映しているのだと思います。

さらにスコアアップ！

　企業でIPテストを実施していない人は、明治大学や早稲田大学などでIPテストを受験することができます。公開TOEICテストの練習にと、これらの会場でIPテストを受けている教室生も多くいます。あちこちで行なわれているIPテストを駆使すれば、ほぼ毎月TOEICテストを受験できるため、モティベーションの維持に役立っているようで、それが結果的には公開TOEICテストでの高得点に結びついているケースも多いようです。

7章

新テスト・パート6 突破のための 重要問題

パート(6)の問題は、長文の中に空欄があるだけで、基本的にパート(5)の問題と同じです。そのことをわかりやすく示すために、この章では、問題の英文を示した後に、それぞれの問題をパート(5)の形式に直して説明しています。パート(6)ではe-mailや手紙文の出題が多いので、それらの表現にも慣れておきましょう。

【例文1】

パート6の出題形式で、長文とその日本語訳を載せます。その後ろに、長文の一部を使った問題3問を載せています。

July 12
Mr. James Wilson
1529 Spruce St.
Wellington, Ill.

Dear Mr. Wilson,
As of March 15, I will (1.   ) be the executive vice president of the White Corporation.

   1. (A) sooner or later (B) as to (C) no longer
      (D) now and then

I will have retired after (2.   ) 40 years to the company. Those years were fulfilling and gave me a great sense of accomplishment, so I leave with much feelings of regret.

   2. (A) devotion (B) to devote (C) devoted (D) devoting

My subsequent retirement years will be devoted to the Boy Scouts of America in the (3.   ) of volunteer executive. I hope that my years with this organization will be as equally rewarding as were my years with the White Corporation.

   3. (A) place (B) situation (C) allocation (D) position

I was able to enjoy your full support and cooperation while I was at the White Corporation, and it would be delighted if you would continue to give me this same support and cooperation in the future.

Sincerely yours,
Speucer Tuttle

〈7章　新テスト・パート6突破のための重要問題〉　**307**

【例文1　日本語訳】

7月12日
James Wilson 様
1529 Spruce St.
Wellington, Ill.

Wilson 様

3月15日付で私はWhite社の取締役副社長を辞任致します。

この会社に40年間仕えて退職することになります。この年月は充実していましたし、大いに達成感を与えてくれましたので、会社を去るのが非常に残念です。

退職後はボランティアの役員として、アメリカボーイスカウトの仕事に専念致します。この組織で過ごす月日が、White社で過ごした月日と同じくらいやりがいのあるものであるよう祈っております。

White社在籍中は皆様からの大いなるご支援とご協力をいただくことができ、今後とも引き続き同様のご支援とご協力を賜りますようお願い申し上げます。

敬具

第1問

できたら…………○
できなかったら…×

● 次の選択肢の中から正しいものを選びなさい。

As of March 15, I will ( ) be the executive vice president of the White Corporation.

Ⓐ sooner or later

Ⓑ as to

Ⓒ no longer

Ⓓ now and then

【単語の意味】

executive [igzékjətiv] ………執行の、経営の、役員、経営幹部

〈答え〉 Ⓒ no longer

〈解説〉

熟語の問題です。

Ⓐの sooner or later は「遅かれ早かれ」、Ⓑの as to は「〜については」、Ⓒの no longer は「もはや〜しない、もはや〜ない」、Ⓓの now and then は「時々」という意味の慣用表現です。

この英文を読めば、Ⓒの no longer が正解だとわかります。

英文の最初の As of March 15（3月15日時点で）をうっかり読み飛ばしてしまった人の中には、Ⓐの sooner or later を正解として選んだ人がいると思います。

As of 〜と sooner or later を一緒に使うと英文の意味が通らないため、As of March 15 を見落とさなければ、正解は no longer しかないとわかります。

この問題のように、パート(6)の大半の問題は、空欄が含まれている英文を読むだけで解けるのですが、まれに空欄が含まれている英文だけでは不十分で、前後の英文を読まなければならない問題もあります。

〈問題文の訳〉

3月15日付で私は White 社の取締役副社長を辞任致します。

────**おさえよう、この問題のポイント**────

no longer は「もはや〜しない、もはや〜ない」という意味で、頻繁に使われる慣用表現です。

第 2 問

できたら……………○
できなかったら…×

●次の選択肢の中から正しいものを選びなさい。

I will have retired after (　　　) 40 years to the company.

(A) devotion

(B) to devote

(C) devoted

(D) devoting

------【単語の意味】------
retire [ritáiər] ……………………………………退職する

〈答え〉 ⒟ devoting

〈解説〉

before と after の問題です。

before も after も「前置詞」と「接続詞」の両方の働きをするため、その英文でどちらの働きをしているのかを見極めなければなりません。

接続詞の後ろは節、前置詞の後ろは名詞(句)がきます。

この英文では after の後ろは、節「主語+動詞」になっていません。

ということは、この after は前置詞の after ではないかと想像してください。

前置詞の後ろには名詞(句)がきます。

動詞の働きをするもので名詞(句)を作るもの、つまり動名詞の devoting を入れれば正しい英文になるということです。

前置詞としての before/after の後ろは名詞(句)と覚えていても、あわてて解くため、うっかり名詞の devotion を選ぶ人が少なからずいます。後ろに 40 years という目的語があるので名詞では間違いになります。動詞の働きをするものでなければなりません。

〈問題文の訳〉

この会社に 40 年間仕えて退職することになります。

おさえよう、この問題のポイント
---

before や after の後ろに空欄がある場合、その before や after が「接続詞」として使われているのか、「前置詞」として使われているのかを考えましょう。

接続詞として使われている場合には、後ろに節 (S + V) が、前置詞として使われている場合には、後ろに名詞(句)が続きます。

第3問

できたら……○
できなかったら…×

● 次の選択肢の中から正しいものを選びなさい。

My subsequent retirement years will be devoted to the Boy Scouts of America in the (　　) of volunteer executive.

Ⓐ place

Ⓑ situation

Ⓒ allocation

Ⓓ position

【単語の意味】

subsequent [sʌ́bsəkwənt] …………… 続く、後の
retirement [ritáiərmənt] …………… 退職、退職後の時間
volunteer [vɑ̀ləntíər] …………… ボランティアの

〈7章 新テスト・パート6突破のための重要問題〉 313

〈答え〉 Ⓓ position

〈解説〉

単語の問題です。

単語の問題は英文を読んで、意味の通るものを選ばなければなりません。

positon は「職業、職、地位」という意味で、求人関係の英文で頻繁に出てきます。

TOEIC では、パート(2)～パート(7)、ほぼ全パートを通して求人関連の英文が出ることが多く、その意味で position は TOEIC 必須単語です。

Ⓐ の place は「場所」、Ⓑ の situation は「状況」、Ⓒ の allocation は「配分、割り当て」という意味なので、英文の意味が通りません。

TOEIC に求人がらみの英文が多いのは、ビジネスでは求人や採用の話が多いからです。

普段のビジネスで頻繁に使われる内容は、TOEIC にも出る可能性が高い、と考えましょう。

〈問題文の訳〉

退職後はボランティアの役員として、アメリカボーイスカウトの仕事に専念致します。

―――― **おさえよう、この問題のポイント** ――――

positon は「職業、職、地位」という意味で、求人関係の英文で頻繁に出てくる単語です。

「～の職で、～の地位で」という場合には、「position of ～」という表現を使います。

【例文2】

パート6の出題形式で、長文とその日本語訳を載せます。その後ろに、長文の一部を使った問題3問を載せています。

To: Ms. Sarah Brinkley
From: Weil Securities Co.
Re: Notification of Employment

Dear Ms. Sarah Brinkley

This is to inform you (1.   ) the Weil Securities Co. has chosen you to fulfill the position of vice president, Institutional Sales Department, Institutional Sales Group.

 1. (A) that (B) whether (C) as (D) what

You have been chosen from among a group of more than 50 (2.   ) applicants. Because of your educational and previous professional background, we feel that you are familiar (3.   ) fixed income, currency and commodities, and therefore highly qualified to fill this position.

 2. (A) essential (B) abundant (C) outstanding
  (D) prolonged
 3. (A) at (B) for (C) by (D) with

We are pleased that someone of your caliber qualification will be joining our staff and we look forward to many years of association with you.

〈7章 新テスト・パート6突破のための重要問題〉 **315**

【例文 2　日本語訳】

宛先：　　Sarah Brinkley 様
送信者：　Weil 証券会社
件名：　　採用通知

Sarah Brinkley 様

Weil 証券会社は、法人営業本部法人営業部のバイスプレジデントの職にあなたを選びましたことをご連絡申し上げます。

あなたは 50 名を超える優れた応募者の中から選ばれました。あなたの学歴および職歴から、私どもは、あなたが債券、通貨、商品に精通しており、したがってこの職に適任であると考えています。

あなたのような秀でた資質をお持ちの人材が私どものスタッフに加わることは喜ばしいことですし、長年にわたって共に働いていくことを楽しみにしています。

第4問

できたら……○
できなかったら…×

● 次の選択肢の中から正しいものを選びなさい。

This is to inform you (　　) the Weil Securities Co. has chosen you to fulfill the position of vice president, Institutional Sales Department, Institutional Sales Group.

Ⓐ that

Ⓑ whether

Ⓒ as

Ⓓ what

【単語の意味】

inform [infɔ́ːrm] ……………………知らせる、通知する
securities [sikjúərəti] ………………証券
fulfill [fulfíl] …………………………満たす、実行する
institutional [ìnstətúːʃənl] …………機関の

〈7章 新テスト・パート6突破のための重要問題〉317

〈答え〉Ⓐ that

〈解説〉

「inform 人 that」の問題です。

「inform 人 that ～」で、「(人) に～を知らせる」という意味の表現です。

後ろに節（S（主語）＋ V（動詞））がきているので that が入りますが、後ろが名詞句の場合は前置詞の of が入り、「inform 人 of ～」になります。

顧客に出すメールや手紙でよく使う表現です。

特に、新 TOEIC のパート(6)では、この問題のように、顧客に出すメールや手紙で使う表現が出題されることが多いので、後ろに節がくる場合、後ろに名詞句がくる場合、それぞれの表現を覚えましょう。

覚えておけば、仕事でのメールや手紙で使えます。

〈問題文の訳〉

Weil 証券会社は、法人営業本部法人営業部のバイスプレジデントの職にあなたを選びましたことをご連絡申し上げます。

———— **おさえよう、この問題のポイント** ————

「inform 人 that ～」や「inform 人 of ～」で、「(人) に～を知らせる」という意味の表現です。

後ろに節がくる場合は「inform 人 that ～」、

後ろに名詞句がくる場合には「inform 人 of ～」を使います。

第5問

●次の選択肢の中から正しいものを選びなさい。

You have been chosen from among a group of more than 50 (　　) applicants.

Ⓐ essential

Ⓑ abundant

Ⓒ outstanding

Ⓓ prolonged

----【単語の意味】----

applicant [ǽplikənt] ……………………………応募者、志願者

〈答え〉 ⓒ outstanding

〈解説〉

単語の問題です。

単語の問題は英文全体の意味を考えなければなりません。ですからある程度の長さを読まなければならず、一部分を読むだけで解ける問題の多い文法問題に比べ時間がかかります。

普段からビジネス系の英文などを読んでいれば、outstanding（優れた、突出した）という形容詞は頻繁に使われるので、頭に入っていると思いますが、そうでない人にとっては難しい問題かもしれません。

Ⓐの essential は「きわめて重要な」、Ⓑの abundant は「豊富な」、Ⓓの prolonged は「長期の、長引く」という意味で、いずれもこの英文では使えません。

〈問題文の訳〉

あなたは 50 名を超える優れた応募者の中から選ばれました。

────**おさえよう、この問題のポイント**────

outstanding は「優れた、突出した」という意味で、ビジネス系の英文で頻繁に使われる単語です。

第6問

できたら……○
できなかったら…×

●次の選択肢の中から正しいものを選びなさい。

Because of your educational and previous professional background, we feel that you are familiar (   ) fixed income, currency and commodities, and therefore highly qualified to fill this position.

Ⓐ at

Ⓑ for

Ⓒ by

Ⓓ with

【単語の意味】

previous [príːviəs]	以前の、前の
fixed income	債券
currency [kə́ːrənsi]	通貨
commodity [kəmάdəti]	商品
qualified [kwάləfàid]	資格のある、適任の
fill the position	空席を埋める

〈7章 新テスト・パート6突破のための重要問題〉 **321**

〈答え〉 Ⓓ with

〈解説〉

前置詞の問題です。

be familiar with ～は「～を熟知している、～に詳しい」という意味で頻繁に使われる熟語です。

ですからⒹの with が正解となります。

前置詞の問題は毎回 3 ～ 5 問ずつ出題されます。最近はさまざまな種類の問題が取り上げられますが、この問題のように「熟語の一部として使われている前置詞を問う問題」もよく出ます。

熟語の場合、前置詞が問われるだけでなく、「be familiar with」を例にとると、familiar の部分が問題となる場合もあるので表現全体を正確に覚えておきましょう。

〈問題文の訳〉

あなたの学歴および職歴から、私どもは、あなたが債券、通貨、商品に精通しており、したがってこの職に適任であると考えています。

―――― **おさえよう、この問題のポイント** ――――

be familiar with ～は「～を熟知している、～に詳しい」という意味で頻繁に使われる熟語で、前置詞は with を使います。

【例文3】
パート6の出題形式で、長文とその日本語訳を載せます。その後ろに、長文の一部を使った問題3問を載せています。

January 20
Mr. Jack Proust
459 Tenth Str.
San Francisco, CA

Dear Mr. Proust
Thank you for your order of the Domega A-3 wristwatch. Unfortunately, production of this model has been discontinued by our company. The newest model is the Domega A-4 model which we believe is a great (1.   ) over the A-3 model.

   1. (A) advancement (B) advancing (C) advantageous
      (D) advanced

We have spent much time in (2.   ) research on developing technical function on the new model while reducing the thickness of the wristwatch case. You can find exact details of this model at www.domegawristwatch.com/catalogue/a4.

   2. (A) taking (B) making (C) doing (D) scheduling

If you would like to order this new model, please contact us again and we would be more than happy to (3.   ) your order. We look forward to hearing from you soon.

   3. (A) fill (B) file (C) find (D) full

Sincerely yours,
Grant Stafford

〈7章 新テスト・パート6突破のための重要問題〉 **323**

【例文3　日本語訳】

1月20日
Jack Proust 様
459 Tenth Str.
San Francisco, CA

Proust 様

Domega A-3 腕時計のご注文をありがとうございます。誠に申し訳ございませんが、わが社はこのモデルの生産を中止致しました。最新のモデルは Domega A-4 モデルで、これは A-3 モデルより一段と優れたものであると信じております。

新型モデルではウォッチケースの厚みを減らす一方、技術的機能を高めるための研究に多くの時間を費やしました。このモデルの詳細につきましては、www.domegawristwatch.com/catalogue/a4. でご覧いただけます。

この新型モデルをご注文なさりたい場合は、私どもに再度ご連絡いただければ喜んでご注文の手配をさせていただきます。ご連絡をお待ち申し上げます。

第7問

できたら……○
できなかったら…×

● 次の選択肢の中から正しいものを選びなさい。

The newest model is the Domega A-4 model which we believe is a great (　　) over the A-3 model.

Ⓐ advancement

Ⓑ advancing

Ⓒ advantageous

Ⓓ advanced

【単語の意味】

model [mádl] ……………………………………… 型、モデル

〈答え〉 Ⓐ advancement

〈解説〉
品詞（名詞）の問題です。
空欄直前の great は「程度や規模が大きい」という意味の形容詞です。形容詞が修飾するのは名詞です。ですから、選択肢の中から名詞を選べば正解となります。
名詞はⒶの advancement「進歩、前進」だけです。
逆に名詞を修飾する形容詞の部分が空欄になっていて、後ろの名詞をヒントに形容詞を選ぶタイプの問題もよく出ます。いずれも簡単な問題です。
パート(5)と(6)を合わせると、品詞の問題は毎回 10 問前後出題されますが、中でも名詞の問題は一番簡単です。必ずとりましょう。

〈問題文の訳〉
最新のモデルは Domega A-4 モデルで、これは A-3 モデルより一段と優れたものであると信じております。

————**おさえよう、この問題のポイント**————
形容詞が修飾するのは名詞です。形容詞の後ろに空欄があれば、特殊な場合を除いて、名詞が正解となります。

第8問

できたら……○
できなかったら…×

●次の選択肢の中から正しいものを選びなさい。

We have spent much time in (　　) research on developing technical function on the new model while reducing the thickness of the wristwatch case.

　Ⓐ taking

　Ⓑ making

　Ⓒ doing

　Ⓓ scheduling

【単語の意味】

develop [divéləp] ……………………………………開発する
technical [téknikl] ……………………………………技術の
function [fʌ́ŋkʃən] ……………………………………機能
thickness [θíknəs] ……………………………………厚さ
wristwatch ………………………………………………腕時計

〈7章　新テスト・パート6突破のための重要問題〉 **327**

〈答え〉 ⓒ doing

〈解説〉
適切な意味の動詞を選ぶ問題です。
「do research」は、「研究する」という意味で、頻繁に使う熟語です。
research という動詞と同じ意味です。名詞の research を使う場合には動詞には「do」を使う、と覚えておきましょう。この英文では前置詞 in の後ろなので、do ではなく、動名詞の doing を使っています。
日頃ビジネスで英語を使っている人にとっては簡単な表現です。
do の他にも、make、meet、take、conduct を使った熟語はよく出題されます。
どの名詞にどの動詞を使えばいいのか注意しましょう。
make improvement（改良を行なう）、take measures（手段を講じる）、meet a/the deadline（締め切りに間に合わせる）、conduct a survey（調査を行なう）、などのように、頻繁に使う表現は TOEIC にも出題されています。

〈問題文の訳〉
新型モデルではウォッチケースの厚みを減らす一方、技術的機能を高めるための研究に多くの時間を費やしました。

──────**おさえよう、この問題のポイント**──────
「do research」で「研究する」という熟語です。do 以外にも、make や meet や take や conduct などを使った表現で、ビジネスで頻繁に使いそうなものは覚えましょう。

第9問

できたら……○
できなかったら…×

● 次の選択肢の中から正しいものを選びなさい。

If you would like to order this new model, please contact us again and we would be more than happy to (　　) your order.

Ⓐ fill

Ⓑ file

Ⓒ find

Ⓓ full

【単語の意味】

order [ɔ́:rdər] ……………………………注文する、注文
contact [kántækt] ……………………………連絡をとる

〈答え〉 Ⓐ fill

〈解説〉

慣用表現の問題です。

fill one's order で「注文に応じる」、という意味の慣用表現です。

ビジネスで頻繁に使う表現なので、英語で仕事をしている人にとっては簡単な問題です。

知らない場合は、order（注文）をヒントに想像しましょう。

fill には「（条件、要求などを）満たす」という意味があるということを知っていれば、正答にたどりつけます。

単語、熟語（慣用表現を含む）問題ともに、ビジネスで頻繁に使う表現からの出題が増えています。

実際の TOEIC でも、この問題のように選択肢に間違えそうな単語が並んでいる場合が多いのも、最近のテストの傾向です。

〈問題文の訳〉

この新型モデルをご注文なさりたい場合は、私どもに再度ご連絡いただければ喜んでご注文の手配をさせていただきます。

―――――**おさえよう、この問題のポイント**―――――

fill one's order で「注文に応じる」、という意味になります。
ビジネスでよく使う慣用表現なので覚えておけば仕事で使えます。

【例文4】
パート6の出題形式で、長文とその日本語訳を載せます。その後ろに、長文の一部を使った問題3問を載せています。

Expansion of Our Business

We have had much success with our dresses (1.　) in Hong Kong.
　　1. (A) manufacturing　(B) manufacture　(C) manufacturer
　　　 (D) manufactured

Sales in the domestic market have been very sluggish in general, but in our case, we were more successful than we had expected. For these past two years, our sales have shown an increase (2.　) our expectations.
　　2. (A) upon　(B) beyond　(C) under　(D) against

Due to the good quality of the dresses and faithful observance of delivery deadlines, we have seen exceedingly profitable growth.

To show our confidence in the potential growth of dresses (3.　) we are now making in Hong Kong, we have decided to expand our business there by merging with Ah-ching Co. in order to form a subsidiary company.
　　3. (A) for which　(B) which　(C) where　(D) what

〈7章　新テスト・パート6突破のための重要問題〉　**331**

【例文4　日本語訳】
当社のビジネスの拡大

私どもは香港で製造されたドレスで大きな成功を収めました。

国内市場での売上高は一般的に低迷していますが、わが社の場合は、予想以上に成功致しました。ここ2年間で、わが社の売上高は予想を超える伸びを示しました。

ドレスの品質の良さと、納品期日の忠実な遵守のおかげで、わが社は利益の非常に大きな伸びを達成しました。

香港で製造されるドレスの潜在的成長を確信しておりますので、Ah-ching社と合併して子会社を作り、ビジネス拡大をはかることに致しました。

第10問

できたら…………○
できなかったら…×

● 次の選択肢の中から正しいものを選びなさい。

We have had much success with our dresses (　) in Hong Kong.

Ⓐ manufacturing

Ⓑ manufacture

Ⓒ manufacturer

Ⓓ manufactured

【単語の意味】

success [səksés] ……………………………………… 成功

〈答え〉 ⒟ manufactured

〈解説〉

分詞の問題です。

分詞には現在分詞と過去分詞があります。

両方とも、形容詞的に用いられることが多いです。

形容詞ですから、名詞を修飾します。

現在分詞は「～している」という意味になり、過去分詞は「～された」という意味になるので、訳してみればどちらが正解なのかわかります。

分詞の使い方としては、修飾する「名詞の前にくる」用法と、「名詞の後ろにくる」用法があります。

この英文の空欄部分は、修飾する名詞の後ろにくる用法です。

空欄の前後を訳してみると正答がわかります。

「香港で製造されたドレス」と、「～（された）」と訳せます。ということは過去分詞の「manufactured」が入れば正しい英文になるということです。

☆分詞の問題は間違える人が多いですが、重要な問題の一つです。

☆「～している」と「～された」と訳しただけでは判断のつかない英文／問題があります。それは、日本語と英語の構造の違いです。

〈問題文の訳〉

私どもは香港で製造されたドレスで大きな成功を収めました。

────**おさえよう、この問題のポイント**────

「～された」なのか、「～している」なのか、名詞を中心に直訳しましょう。

「された」の場合は過去分詞、「している」の場合は現在分詞を選びましょう。

第11問

できたら………○
できなかったら…×

●次の選択肢の中から正しいものを選びなさい。

For these past two years, our sales have shown an increase (　　) our expectations.

Ⓐ upon

Ⓑ beyond

Ⓒ under

Ⓓ against

【単語の意味】

increase [ínkri:s] ……………………………増加、増大
expectation(s) [èkspektéiʃən] ……………期待、予想

〈7章 新テスト・パート6突破のための重要問題〉 **335**

〈答え〉Ⓑ beyond

〈解説〉

前置詞の問題です。

選択肢は全部前置詞なので、前後の英文を読んでどの前置詞があてはまるかを考えなければなりません。

beyond は「〜を超えて」という意味の前置詞なので、「beyond one's expectation(s)」で「予想以上に、期待以上に」という意味になるので、beyond であれば英文の意味が通ります。

「beyond control」や「beyond guidelines」等、他にも beyond を使った表現が TOEIC のパート(5)や(6)で出題されています。

beyond に「〜を超えて」という意味がある、と覚えておけば知らない表現が出てきても正解できます。

最近はさまざまな前置詞の問題が出るので、普段から多くの英文を読むようにし、英文の中で細かい前置詞の使い方を覚えるのがいいでしょう。

〈問題文の訳〉

ここ2年間で、わが社の売上高は予想を超える伸びを達成しました。

──────**おさえよう、この問題のポイント**──────

「beyond one's expectation(s)」で「予想以上に、期待以上に」という意味になります。

それぞれの熟語や表現でどの前置詞を使うかを覚えましょう。

第12問

できたら………○
できなかったら…×

● 次の選択肢の中から正しいものを選びなさい。

To show our confidence in the potential growth of dresses (　　) we are now making in Hong Kong, we have decided to expand our business there by merging with Ah-ching Co. in order to form a subsidiary company.

Ⓐ for which

Ⓑ which

Ⓒ where

Ⓓ what

【単語の意味】

confidence [kάnfidəns] ……………自信、確信
potential [pəténʃəl] ………………可能な、可能性のある
merge [mə́:rdʒ] ……………………合併する
subsidiary [səbsídièri] ……………子会社

〈7章 新テスト・パート6突破のための重要問題〉 337

〈答え〉 Ⓑ which

〈解説〉
関係代名詞の問題です。
先行詞の dresses が、続くセンテンス we are now making の目的語になっています。
ということは、関係代名詞の目的格を入れればいい、ということになります。
先行詞が人の場合、関係代名詞の「主格が who」「所有格が whose」「目的格は whom」、先行詞が物や動物の場合には「主格が which」「所有格が whose」「目的格が which」です。
先行詞の dresses は物なので、which を入れれば正しい英文になります。

〈注意〉
先行詞が人の場合、関係代名詞の目的格は「who」も OK と習っているはずですが、関係代名詞の目的格に「who」を選ぶと TOEIC では不正解になるようです。
英語は進化しています。その進化の過程で、どの部分を正解としてとるかですが、「問題を作成しているアメリカの ETS が正しいと判断する英語」が正解となります。

〈問題文の訳〉
香港で製造されるドレスの潜在的成長を確信しておりますので、Ah-ching 社と合併して子会社を作り、ビジネス拡大をはかることに致しました。

————**おさえよう、この問題のポイント**————
先行詞が続くセンテンスの目的語になっている場合には、関係代名詞の目的格を使います。先行詞が物や動物であれば which、人であれば whom になります。

さらにスコアアップ！

オフィス S&Y の現在と今後

今、私がもっとも力を入れているのは、2カ月単位で東京・八重洲で開いている「TOEIC の教室」です。参加者は私が今までに出版した 7 冊の本の読者が大半です。参加者はビジネスマン・ウーマンが多いのですが、彼らのニーズで始めたネイティブの講師による「ビジネスディスカッションクラス」もスタートして早や 1 年が過ぎました。

今年の 10 月からはやはりネイティブの講師による「ビジネスライティング」のクラスも始めます。急速なグローバル化を反映して、メールやレポート類などビジネスの現場で書く力が要求されているようです。ネイティブの先生の選定はかなり厳しく行ない、かつ少人数のクラスでの開催のためか、いずれのクラスも好評を博しています。また、参加者の大半が継続参加を求めている、ケネス佐川先生による「ディベート＆ディスカッション（上級クラスのみ）」も継続の予定です。

今年後半は、以前からかかわりたいと思っていたニンテンドー DS の TOEIC の練習用ソフト作成の仕事にかかり

さらにスコアアップ！

ます。発売は来春の予定ですが、初めての仕事なのでとても楽しみにしています。

　ホームページで販売している問題や音声も、リクエストが多いので今年は新バージョンを作成する予定です。また、昨年2回、今年は3〜4回と少しだけ多く開催できた「1日セミナー」も、来年はさらにもう少し回数を増やして開催できればと思っています。

　今まで八重洲教室と自宅を中心に仕事をしてきましたが、今年6月にJR田町駅のすぐそばに新しくオフィスを作りました。快適な仕事場で、集中をして仕事をしたい時はここにこもっています。打ち合わせなどもすべて田町のオフィスで行なうようになりました。

　今後も、八重洲と田町、自宅を使い分けて、TOEICに関するさまざまな情報発信を行なっていきたいと思っています。

オフィスS＆Y　代表　中村澄子
連絡先：book@sumire-juku.co.jp
ホームページ：http://www.sumire-juku.co.jp
メールマガジン：http://mag2.com/m/0000112188.htm

索引 INDEX

〈単語別〉では、【単語の意味】で紹介している重要単語・熟語類を、アルファベット順に並べました。

〈ジャンル別〉では、解説の説明に合わせて、全146問を問題のジャンル別に並べました。

チェック欄□も利用して、学習のまとめ・単語の総整理などにお使いください。

〈単語別〉

A
- □ a year earlier 169
- □ abroad 287
- □ absence 235
- □ academic 245
- □ accept 105
- □ accurate 175
- □ acquire 219
- □ adaptable 45
- □ administrative staff 277
- □ advertising 57, 83
- □ affiliated company 159, 165, 287
- □ aggressively 95
- □ aim to ~ 299
- □ airfare 245
- □ amount 81
- □ annual 189
- □ annual report 43
- □ anticipate 51
- □ appliance 289
- □ applicant 275, 319
- □ apply 173
- □ appropriate 209, 223
- □ approve 111
- □ asset 107
- □ assignment 129
- □ auto industry 285
- □ automaker 73, 123
- □ automobile 133, 199
- □ available 71
- □ avert 209
- □ avoid 91

B

- [ ] bakery 89
- [ ] balance 59
- [ ] ban 293
- [ ] bankrupt 235
- [ ] bankruptcy 111,141,219
- [ ] benefit 279
- [ ] beyond 295
- [ ] board member 23
- [ ] board of directors 291
- [ ] BOJ (=Bank of Japan) 223
- [ ] bond market 51
- [ ] borrower 95
- [ ] branch office 277
- [ ] business activity 273
- [ ] business conditions 217

C

- [ ] calorie 231
- [ ] capital investment 233
- [ ] cause 301
- [ ] CEO 65,145
- [ ] certain 111
- [ ] channel 157,287
- [ ] cheat 267
- [ ] check 67
- [ ] circulation 195
- [ ] claim 251
- [ ] classify 165
- [ ] client 31,207
- [ ] cloakroom 67
- [ ] close to 95,111
- [ ] closely watched 137
- [ ] collapse 95
- [ ] commodity 321
- [ ] common 99
- [ ] comparable 255
- [ ] compared with ~ 169
- [ ] competitive 135,157
- [ ] competitor 119
- [ ] concentrate 143
- [ ] concerned 243,297
- [ ] concerted 131
- [ ] condominium 139
- [ ] conduit company 287
- [ ] conference 245
- [ ] confidence 337
- [ ] conglomerate 21
- [ ] consequence 151
- [ ] consider 165
- [ ] consume 227
- [ ] consumer 301
- [ ] consumer electronics maker 279
- [ ] consumer market 205
- [ ] consumer spending 263
- [ ] consumption tax 91

- ☐ contact 329
- ☐ contract 207
- ☐ contribution 247
- ☐ corporate bond 37,117
- ☐ crucial 97
- ☐ crucial mistake 17
- ☐ currency 321

D

- ☐ daytime 69
- ☐ debit card 105
- ☐ decline 101,233
- ☐ decrease 253
- ☐ deductible 247
- ☐ defect 289
- ☐ defective 31
- ☐ deficit-covering bonds 91
- ☐ deflation 47
- ☐ deflationary 209
- ☐ demand 171
- ☐ depressed 297
- ☐ deputy 131
- ☐ deride 107
- ☐ deterioration 33
- ☐ develop 135,283,327
- ☐ developing country 21
- ☐ discouraging 41
- ☐ discuss 75

- ☐ dismiss 235
- ☐ domestic 187,205
- ☐ domestic demand 297
- ☐ domestic economy 131
- ☐ domestic market 47
- ☐ dramatically 45
- ☐ drastic measure 233
- ☐ draw up 43
- ☐ due to 163,233,257
- ☐ duty 39

E

- ☐ early retirement 41,291
- ☐ earn 229
- ☐ earnings 229
- ☐ e-banking 69
- ☐ economic conditions 137
- ☐ economic policy 135
- ☐ economic stagnation 125
- ☐ economic survey 195
- ☐ economist 73,171,205
- ☐ effective 75
- ☐ effort 143
- ☐ electric company 35
- ☐ electrical 201
- ☐ electrical appliances 279
- ☐ employ 217
- ☐ employee 23,41,159,271,291

- [ ] enhance 211
- [ ] enterprise 125,135
- [ ] entity 187
- [ ] entrepreneur 77
- [ ] environmental pollution 87
- [ ] equipment 129
- [ ] essay 237
- [ ] establishment 77
- [ ] evaluation 19
- [ ] excellent 65
- [ ] excess stock 49
- [ ] excessive 263
- [ ] executive 309
- [ ] expand 45
- [ ] expect 141,175
- [ ] expectation(s) 335
- [ ] experiment 15
- [ ] explain 23
- [ ] export 73
- [ ] exporter 33
- [ ] extend loans 163
- [ ] extract 283
- [ ] extremely 117

F
- [ ] face with ~ 101
- [ ] facility 279
- [ ] factory 161,199,225
- [ ] fail 19
- [ ] failure 99
- [ ] fear 127,163
- [ ] fill the position 321
- [ ] final 199
- [ ] finance 51
- [ ] financial 209
- [ ] fine 57
- [ ] fiscal year 217
- [ ] fix 289
- [ ] fixed income 321
- [ ] for free 289
- [ ] force to ~ 53
- [ ] foreign market 249
- [ ] foresee 73
- [ ] foster 163
- [ ] FRB (Federal Reserve Board) 121
- [ ] frozen 123
- [ ] frustrated 187
- [ ] fulfill 317
- [ ] full-time employee 295
- [ ] function 31,327
- [ ] further 293

G
- [ ] gain 109
- [ ] generate 187
- [ ] global 39

- [ ] global competition 133
- [ ] go bankrupt 47
- [ ] government bond 117
- [ ] growing 285
- [ ] growth 163,269

H
- [ ] halve 33
- [ ] harmonious 259
- [ ] head office 277
- [ ] hire 89
- [ ] hit 73
- [ ] household 59

I
- [ ] IMF (International Monetary Fund) 179
- [ ] immediately 233,251,253
- [ ] immigration 281
- [ ] impose 29
- [ ] improve 209
- [ ] improved 79,193
- [ ] in line with 293
- [ ] inability 187
- [ ] income 127
- [ ] increase 101,261,335
- [ ] indication 137
- [ ] industrial 33,155,209
- [ ] industrial company 51
- [ ] industrial complex 21
- [ ] industry 133
- [ ] inflate 109
- [ ] inflation 297
- [ ] inflationary 273
- [ ] inform 55,317
- [ ] inquiry 219
- [ ] institutional 317
- [ ] institutional investor 117
- [ ] insurance company 251
- [ ] integration 39,99
- [ ] internationalization 285
- [ ] intervene 223
- [ ] introduce 193,291
- [ ] inventory 253
- [ ] invest 21
- [ ] issue 37,91

J
- [ ] job discrimination 293
- [ ] job opening 275
- [ ] judge 21

K
- [ ] keiretsu system 107

L
- [ ] labor union 189

- ☐ lack 257
- ☐ law school 237
- ☐ liability 107
- ☐ list 203
- ☐ listed 35
- ☐ loan application 111
- ☐ local area 53
- ☐ location 19,139
- ☐ long term 39

M
- ☐ machinery 57
- ☐ make a plan 205
- ☐ make a purchase 139
- ☐ make efforts 283
- ☐ management 189
- ☐ manager 291
- ☐ manufacture 57
- ☐ manufacturer 47,201
- ☐ manufacturing operation 97
- ☐ market 97,117,157
- ☐ merge 119,187,337
- ☐ merger 99
- ☐ merit-based salary 201
- ☐ military budget 109
- ☐ misconduct 29
- ☐ mission 163
- ☐ model 325
- ☐ money supply 263
- ☐ mostly 265
- ☐ mounting 93
- ☐ multiple 125

N
- ☐ national exam 81
- ☐ negative 183
- ☐ negotiation 189
- ☐ new graduate 217
- ☐ New York Stock Exchange 203
- ☐ non-performing loan 93,163
- ☐ noticeably 79
- ☐ numbers of 277

O
- ☐ offer 173,275
- ☐ official interest rate 121
- ☐ older generation 127
- ☐ operation 197
- ☐ order 225,329
- ☐ out of order 289
- ☐ out of work 93
- ☐ overly 243
- ☐ overtime payment 295
- ☐ own 165

P

- parent company 165
- part 71
- participate 153,271
- pass 81
- pay raise 189
- performance 33
- personnel 257
- petroleum 283
- pharmaceutical company 231
- policy board 223
- political party 143
- position 145,173,211
- possess 49
- post 99
- potential 337
- potential market 19
- precision instrument 57
- predict 191,205
- president 25,121,167
- press 25
- press conference 43
- pressed 69
- prestigious 197,221
- previous 321
- prime minister 131,167
- prime rate 181
- prize 15
- procedure 15
- production 83,155,261,269
- production cost 97
- production schedule 129
- productivity 233
- profit 187
- profitability 123
- prohibit 267
- promising 79
- promote 39,135
- provide 179
- punishment 29
- purchase 117

Q

- qualified 257,321
- quarter 261
- questionnaire 183

R

- raise 91,121
- raise funds 37
- rapidly 45
- reach 185
- reception 67
- recession 191
- recommend 135
- reduce 299

- [ ] re-emerge 131
- [ ] refuse 21
- [ ] regarding 77,119
- [ ] region 211
- [ ] regional bank 163
- [ ] regret 71
- [ ] regular employee 173
- [ ] relaxed 77
- [ ] release 25
- [ ] relocation 279
- [ ] reluctant 163
- [ ] remain 169
- [ ] remedy 75
- [ ] repair 251
- [ ] requirement 77
- [ ] rescue package 179
- [ ] research 83
- [ ] research and development 193
- [ ] researcher 15,75
- [ ] resource 21
- [ ] respect 85
- [ ] respond 275
- [ ] respondent 183
- [ ] response 41
- [ ] responsibility 59
- [ ] restructure 125
- [ ] result 65
- [ ] retail banking 187
- [ ] retailer 49
- [ ] retire 87,311
- [ ] retirement 183,313
- [ ] return 55
- [ ] rival company 193
- [ ] run 89

S

- [ ] sales department 249
- [ ] sales results 249
- [ ] scarce 275
- [ ] securities 317
- [ ] seniority system 127
- [ ] serious 151
- [ ] shift 97
- [ ] shipment 161
- [ ] shortage 227
- [ ] simplify 157
- [ ] soil 269
- [ ] stagnant 47
- [ ] statement 25
- [ ] step up 201
- [ ] stimulate 131
- [ ] stock 71,117
- [ ] stock exchange 35
- [ ] strength 109
- [ ] strictly 267
- [ ] strong yen 73

- [ ] subsequent 313
- [ ] subsidiary 165,337
- [ ] substantial 81
- [ ] success 333
- [ ] successful 255
- [ ] sue 17
- [ ] suggest 171
- [ ] suggestion 129
- [ ] supply 49,171
- [ ] surplus 49

T
- [ ] take measures 171,209
- [ ] take over 145
- [ ] take place 189
- [ ] tardiness 235
- [ ] technical 327
- [ ] technology 283
- [ ] the Bank of Japan 137
- [ ] the first quarter 141
- [ ] the fourth quarter 49
- [ ] the management 197
- [ ] the number of ~ 141
- [ ] the second quarter 219
- [ ] The tankan survey 137
- [ ] thickness 327
- [ ] thorny 259
- [ ] threatening 209
- [ ] throughout 227
- [ ] tighten 301
- [ ] tighten one's belt 301
- [ ] to one's surprise 287
- [ ] total production 299
- [ ] trade friction 131
- [ ] trade liberalization 39
- [ ] traditional 293
- [ ] traffic 177
- [ ] transfer 159,277
- [ ] treasury secretary 131
- [ ] turn around 145

U
- [ ] underestimate 99
- [ ] undergo an operation 151
- [ ] unemployment 301
- [ ] unemployment rate 101
- [ ] unexpected 49
- [ ] unexpectedly 33
- [ ] unfavorable 217
- [ ] unforgivable 29
- [ ] union 291
- [ ] unstable 117
- [ ] usual 253

V
- [ ] venture 25

- ☐ **vital** 39
- ☐ **volunteer** 313

W

- ☐ **wage** 101,123
- ☐ **warn** 131
- ☐ **warranty** 289
- ☐ **weaken** 109
- ☐ **weather forecast** 175
- ☐ **welfare organization** 247
- ☐ **well known** 269
- ☐ **well-paying** 221
- ☐ **wholesale** 161
- ☐ **wholesaler** 49
- ☐ **widespread** 155
- ☐ **win a place** 157
- ☐ **withdraw** 95
- ☐ **work force** 93,233
- ☐ **workplace** 293
- ☐ **world trade** 33
- ☐ **worsen** 123
- ☐ **worth** 37,179
- ☐ **worth considering** 37
- ☐ **wristwatch** 57,327

Y

- ☐ **yen's appreciation** 123

〈ジャンル別〉

A
- □ although/thoughと despite/in spite of の問題 218
- □ as～as（比較）の問題 44,134,186
- □ as well asの問題 192

B
- □ be expected to の問題 228
- □ beforeとafterの問題 122,312
- □ by とuntilの問題 152

C
- □ complaintとcomplainの問題 32

D
- □ due toの問題 34

E
- □ either～or…の問題 118

H
- □ hardとhardlyの問題 48

I
- □ includingとincludedの問題 130
- □ inform 人 thatの問題 318

M
- □ mostとalmostの問題 26,184

N
- □ neither～nor---の問題 106

O
- □ one of ＋ the＋最上級の形容詞＋名詞の複数形の問題 138

R
- □ regarding（前置詞）の問題 190

S
- □ so～that--/such～that--の問題 140,212
- □ suchとsoの問題 22

U
- □ unlessとwithoutの問題 234
- □ used toとbe used toの問題 60

W
- □ whether A or Bの問題 144
- □ whileとduringの問題 168,238

か
- □ 過去分詞の問題 82
- □ 仮定法過去完了の問題 96,104
- □ 仮定法未来の問題 18
- □ 慣用表現の問題 330
- □ 関係代名詞の問題 86,136,338
- □ 関係副詞の問題 230

け
- □ 現在完了とともに用いる副詞の問題 76
- □ 現在完了の問題 124
- □ 現在分詞の問題 42,80

さ
- □ 再帰代名詞の問題 200
- □ 最上級の問題 30,206

し
- □ 使役の問題 208
- □ 時制(when)の問題 162
- □ 時制の問題 94
- □ 時制をずらす問題 236
- □ 自動詞と他動詞の問題 182,224
- □ 主語と動詞の一致の問題 16,38
- □ 従位接続詞whetherの問題 112
- □ 従位接続詞thatの問題 160
- □ 熟語の問題 248,252,264,272, 278,280,284,286,288,290,294,296, 298,302,310
- □ 助動詞＋動詞の原形の問題 28

せ
- □ 接続詞(等位接続詞)の問題 102
- □ 接続詞onceの問題 198
- □ 接続詞unlessの問題 132
- □ 接続詞の問題 108,110,128,164, 222
- □ 前置詞＋動名詞の問題 40
- □ 前置詞withoutの問題 210
- □ 前置詞の問題 36,78,100,126, 156,166,202,204,322,336
- □ 前置詞を伴う関係代名詞の問題 174

た
- □ 第2文型の動詞(remain)の問題 46,170
- □ 代名詞の問題 24,58,68,90,188
- □ 単語の問題 244,246,250,254, 256,258,260,262,266,268,270,274, 276,282,292,300,314,320

て
- □ 適切な動詞の形を選ぶ問題 120
- □ 適切な意味の動詞を選ぶ問

題 328
□適切な意味の副詞を選ぶ問題 72

と
□動名詞と不定詞の問題 92,176

に
□似通った語彙の問題 180
□似通ったスペルの問題 50

ひ
□比較級の問題 142
□比較級の強調の問題 154
□品詞&語彙の問題 178
□品詞(形容詞)の問題 20,70
□品詞(名詞)の問題 52,54,66,226,326
□品詞(副詞)の問題 74,98

ふ
□不可算名詞の問題 56,220
□複合関係代名詞の問題 146
□複合名詞の問題 158
□分詞構文の問題 194,196
□分詞の問題 84,334

み
□未来完了の問題 88
□未来進行形の問題 232

め
□命令、推奨等を表す動詞の問題 172

1日1分レッスン！ 新 TOEIC Test

一〇〇字書評

切り取り線

購買動機（新聞、雑誌名を記入するか、あるいは○をつけてください）

- □ （　　　　　　　　　　　　　　　）の広告を見て
- □ （　　　　　　　　　　　　　　　）の書評を見て
- □ 知人のすすめで　　　　□ タイトルに惹かれて
- □ カバーがよかったから　□ 内容が面白そうだから
- □ 好きな作家だから　　　□ 好きな分野の本だから

●最近、最も感銘を受けた作品名をお書きください

●あなたのお好きな作家名をお書きください

●その他、ご要望がありましたらお書きください

住所	〒				
氏名			職業		年齢
新刊情報等のパソコンメール配信を 希望する・しない		Eメール	※携帯には配信できません		

あなたにお願い

この本の感想を、編集部までお寄せいただいたらありがたく存じます。今後の企画の参考にさせていただきます。Eメールでも結構です。

いただいた「一〇〇字書評」は、新聞・雑誌等に紹介させていただくことがあります。その場合はお礼として特製図書カードを差し上げます。

前ページの原稿用紙に書評をお書きの上、切り取り、左記までお送り下さい。宛先の住所は不要です。

なお、ご記入いただいたお名前、ご住所等は、書評紹介の事前了解、謝礼のお届けのためだけに利用し、そのほかの目的のために利用することはありません。

〒一〇一-八七〇一
祥伝社黄金文庫編集長　吉田浩行
☎〇三（三二六五）二〇八四
ohgon@shodensha.co.jp
祥伝社ホームページの「ブックレビュー」
http://www.shodensha.co.jp/bookreview/
からも、書けるようになりました。

祥伝社黄金文庫

1日1分レッスン！　新 TOEIC Test

平成 19 年 10 月 20 日　　初版第 1 刷発行
平成 24 年 3 月 7 日　　　　第 9 刷発行

著 者	中村澄子
発行者	竹内和芳
発行所	祥伝社

〒101-8701
東京都千代田区神田神保町 3-3
電話　03（3265）2084（編集部）
電話　03（3265）2081（販売部）
電話　03（3265）3622（業務部）
http://www.shodensha.co.jp/

印刷所	萩原印刷
製本所	ナショナル製本

本書の無断複写は著作権法上での例外を除き禁じられています。また、代行業者など購入者以外の第三者による電子データ化及び電子書籍化は、たとえ個人や家庭内での利用でも著作権法違反です。
造本には十分注意しておりますが、万一、落丁・乱丁などの不良品がありましたら、「業務部」あてにお送り下さい。送料小社負担にてお取り替えいたします。ただし、古書店で購入されたものについてはお取り替え出来ません。

Printed in Japan　© 2007, Sumiko Nakamura　ISBN978-4-396-31441-5 C0182

祥伝社黄金文庫

片岡文子	1日1分! 英単語	TOEICや入試試験によく効く! ワンランクアップの単語力はこの1冊で必要にして十分。
石田 健	1日1分! 英字新聞プレミアム	超人気シリーズが今年はさらにパワーアップ! 音声サービスで、リスニング対策も万全。
石田 健	1日1分! 英字新聞 Vol.4	最新ニュースがサクサク読める! 「継続は力なり!」が実感できる! バラエティに富んだ120本の記事。
石田 健	1日1分! 英字新聞 Vol.3	最新ニュース満載。TOEIC、就職試験、受験によく効く「英語の特効薬」ができました!
石田 健	1日1分! 英字新聞 Vol.2	「早く続編を!」のリクエストが殺到した『1日1分! 英字新聞』第2弾! 〈付録〉「英字新聞によく出る英単語」
石田 健	1日1分! 英字新聞	超人気メルマガが本になった! "生きた英語"はこれで完璧。最新英単語と文法が身につく。

祥伝社黄金文庫

中村澄子

1日1分レッスン！
TOEIC Test 英単語、これだけ

出ない単語は載せません。耳からも学べる、最小にして最強の単語集。1冊丸ごとダウンロードできます。

中村澄子

1日1分レッスン！
TOEIC Test

高得点者続出！ 目標スコア別、最小の努力で最大の効果。音声ダウンロードもできます。

中村澄子

1日1分レッスン！
TOEIC Test〈ステップアップ編〉

「試験開始！」その直前まで手放せない。最小にして最強の参考書、今年も出ました！ 新テストに対応。

中村澄子

1日1分レッスン！
TOEIC Test〈パワーアップ編〉

力をつけたい人はもう始めている！ 噂のメルマガが本になった！ 短期間で点数アップ！

中村澄子

1日1分レッスン！
TOEIC Test

ニュアンスの違いがわかれば、使える語彙はどんどん増える。ワンパターンの表現じゃ、いい仕事はできません。

片岡文子

1日1分！ 英単語
ビジネス

日本語訳は似ているのに、実はまるで違う単語？ ニュアンスがわかれば、使える語彙は増える。

片岡文子

1日1分！ 英単語
ちょっと上級

祥伝社黄金文庫

桂 枝雀　落語で英会話

コミュニケーションの極意はアクションと情にあり！　英語落語の第一人者が教える英会話の真髄。

シグリッド・H・塚　アメリカの子供はどう英語を覚えるか

アメリカ人の子供も英語を間違えながら覚えていく。子供に戻った気分で、気楽にどうぞ。

志緒野マリ　今度こそ本気で英語をモノにしたい人の最短学習法

本気でやろうと思う人にだけ、「本当に価値ある方法論」をお教えしたい。

志緒野マリ　これであなたも英会話の達人

ベテラン通訳ガイドが「企業秘密」を初公開！　外国人と会話を楽しむワザが笑いながら身につく。

志緒野マリ　たった3ヵ月で英語の達人

留学経験なし、英語専攻でもなし。たった3ヵ月の受験勉強で通訳ガイドになった著者の体験的速習法。

中村澄子　1日1分レッスン！新TOEIC Test

最小、最強、そして最新！　新テストに完全対応。受験生必携のベストセラーが生まれ変わりました。